CITY|TRIP SEATTLE

Inhalt

Jimi Hendrix, dem berühmten Sohn der Stadt, ist im Stadtteil Capitol Hill eine Statue gewidmet (s. S. 43, Abb.: 002se-tb)

Thomas Barkemeier

CITY|TRIP SEATTLE

Nicht verpassen!

2 Space Needle [B3] Der 164 m hohe Aussichtsturm der Weltausstellung 1962 ist das Wahrzeichen Seattles und bietet von oben eine tolle 360-Grad-Aussicht über die Stadt (s. S. 19).

5 Museum of Pop Culture [C3] Das architektonisch äußerst spektakuläre Museum zur Pop-Geschichte mit besonderem Fokus auf die Seattle-Ikonen Jimi Hendrix und Kurt Cobain (s. S. 22).

9 Pike Place Market [D6] „Fliegende Fische", erstklassige Restaurants, ausgefallene Kunstgewerbegeschäfte und eine „eklige" Wand aus knallbunten Kaugummis: Täglich zieht es Zigtausende Besucher zu diesem ältesten (und wohl skurrilsten) Bauernmarkt im Zentrum von Seattle (s. S. 27).

12 Seattle Great Wheel [C6] Das 53 Meter hohe Riesenrad direkt an der Uferpromenade bietet eine großartige Aussicht auf Seattle und die vorgelagerte Inselwelt (s. S. 34).

14 Seattle Central Library [E6] Der wie von einem Spinnennetz überzogene Glasbau ist schon wegen seiner beeindruckenden Architektur einen Besuch wert. Im Inneren beherbergt die Zentralbibliothek über 1,5 Mio. Medien (s. S. 35).

16 Pioneer Square [E7] Von Efeu umrankte Backsteinhäuser, verkehrsberuhigte Plätze mit Schatten spendenden Bäumen, Cafés und Kunstgalerien – nirgendwo ist Seattle so „europäisch" wie in diesem ältesten Stadtteil (s. S. 36).

19 Capitol Hill [F4] Das populäre Viertel ist Heimat der Alternativkultur. Der Mix aus alternativen Kneipen, Regenbogen-Zebrastreifen, modernen Apartmenthäusern und schicken Geschäften macht seinen Reiz aus (s. S. 42).

28 Bainbridge Island Mit seinen klassischen Westküsten-Stränden und der weltentrückten Ruhe bildet die schnell per Fähre zu erreichende Insel vor den Toren der Stadt das ideale Kontrastprogramm zum Großstadttrubel (s. S. 50).

29 Museum of Flight Flugzeugmuseum mit Hunderten von Ausstellungsstücken: Von Modellen aus der Frühphase der Fliegerei über die Air Force One bis zum Space Shuttle bietet sich eine faszinierende Auswahl (s. S. 52).

Leichte Orientierung mit dem cleveren Nummernsystem

Die Sehenswürdigkeiten sind im Text und im Kartenmaterial mit derselben **magentafarbenen ovalen Nummer** 1 markiert. Alle anderen Lokalitäten wie Geschäfte, Restaurants usw. tragen ein **Symbol und eine fortlaufende rote Nummer** (1). Die Liste aller Orte befindet sich auf Seite 141, die Zeichenerklärung auf Seite 144.

105 Praktische Reisetipps

131 Anhang

Zeichenerklärung

★★★ nicht verpassen
★★ besonders sehenswert
★ wichtig für speziell interessierte Besucher

[A1] Planquadrat im Kartenmaterial. Orte ohne diese Angabe liegen außerhalb unserer Karten. Ihre Lage kann aber wie die von allen Ortsmarken mithilfe der begleitenden Web-App angezeigt werden (s. S. 144).

Updates zum Buch

www.reise-know-how.de/citytrip/seattle20

Vorwahlen

Bei **Ortsgesprächen** (aus dem Festnetz gebührenfrei) stellt man der 7-stelligen Rufnummer den *area code* für Seattle (206) voran. Bei **Ferngesprächen** muss zudem eine 1 vorgewählt werden. Wer **vom Ausland aus in die USA** telefoniert, wählt die Vorwahl 001, dann den *area code* und danach die eigentliche Rufnummer.

Seattle, auch Emerald City („Smaragdstadt") genannt, gehört zu den dynamischsten Städten der USA und scheint niemals stillzustehen. Seine aufgeschlossenen, stets für Neuerungen offenen Bewohner, die innovative Künstlerszene und die Geschäftswelt bringen ständig neue spannende Restaurants, Galerien, Geschäfte und angesagte Viertel hervor.

Kinderfreundlich

Mit seiner ungezwungenen Atmosphäre und dem modernen Ambiente hat sich das Provisions (s. S. 72) im Stadtteil Queen Anne schnell zu einer der beliebtesten neuen Restaurantadressen entwickelt – vor allem bei Familien, denn es gibt ein eigenes „Kid's Menu".

Cooles Apartmenthotel

Das neu eröffnete WhyHotel (s. S. 125) im Stadtteil Belltown befindet sich in Gehdistanz zum Stadtzentrum und bietet große Apartmenteinheiten mit modernen Küchen, Bade- und Schlafzimmern. Man darf das hauseigene Fitnesscenter nutzen und es gibt Waschmaschine und Trockner.

Asian Art Museum

Das Asian Art Museum (s. S. 58) gehörte schon immer zu den spannendsten Kunsthäusern Seattles. Nach einer zweieinhalbjährigen Renovierung wird es voraussichtlich im Februar 2020 neu eröffnet. Mit einem lichtdurchfluteten Erweiterungsbau und dem ohnehin beeindruckenden Art-déco-Haupthaus stehen nun noch mehr Ausstellungsräume für die über 10.000 Kunstobjekte zur Verfügung.

003se-tb

SEATTLE ENTDECKEN

Willkommen in Seattle

Die Stadt zu Fuß erkunden und dabei die landschaftliche Schönheit der sie umgebenden Natur, die kulturelle und ethnische Vielfalt hautnah erleben – wer Seattle auf diese Weise kennenlernt, kommt dem Lebensgefühl der Stadt am nächsten. Seattle ist keine Stadt, in der man eine Sehenswürdigkeit nach der anderen „abhakt". Wer die Stadt gemütlich bummelnd erforscht, wird das spezielle, relaxte Flair intensiver erleben als diejenigen, die möglichst alles gesehen haben möchten.

Seattle breitet sich zwischen **Lake Union, Lake Washington** und **Elliott Bay** aus. Die wichtigsten Orte der Metropole im äußersten Nordwesten der USA liegen relativ nahe beieinander und lassen sich gut zu Fuß bei einem Stadtrundgang miteinander verbinden. Als **Waterfront** ⓫ wird die gesamte, die Innenstadt zur Elliott Bay abschließende Uferpromenade bezeichnet, welche speziell im Sommer die wohl beliebteste Flaniermeile der Seattleites darstellt. Entlang der etwa 2 km langen Strecke zwischen dem **Olympic Sculpture Park** ❼ im Norden und dem **Seattle Ferry Terminal** im Süden, von dem die staatlichen Fähren zu den vorgelagerten Inseln ablegen, finden sich nicht nur einige touristische Highlights wie das **Seattle Aquarium** ❿ und das **Great Wheel** ⓬, sondern auch diverse Restaurants, Cafés und Aussichtsplattformen. Ein schöner Ort zum Bummeln, die Aussicht Genießen und um sich den Wind um die Nase wehen zu lassen.

Gleich westlich schließt sich die Innenstadt an. Unbestrittenes Herz Seattles ist dabei der seit über 100 Jahren am westlichen Ende der Pike Street befindliche **Pike Place Market** ❾. Der sich aus mehreren Hallen und Gebäuden zusammensetzende Komplex mit seinen über 500 Geschäften und Verkaufsständen zieht jeden Tag Zigtausend Besucher an. Von hier aus erschließen die beiden von Ost nach West verlaufenden Straßen Pike und Pine Street das eigentliche **Downtown.** Außer allen normalen Vertretern globaler Konsumgiganten wie Zara, Macy's und Gap finden sich hier auch Seattle-Ikonen wie Starbucks und die Luxus-Kaufhauskette Nordstrom. Wem eher nach kultureller Erbauung zumute ist, der sollte das **Seattle Art Museum** ⓭ oder die nicht nur architektonisch gelungene **Central Library** ⓮ aufsuchen.

Die von allen Seiten Seattles weithin sichtbare **Space Needle** ❷ ist das Wahrzeichen der Stadt und steht im Zentrum des **Seattle Center** ❶, des ehemaligen Geländes der **Weltausstellung von 1962.** Neben dem wie ein Retro-Raumschiff aussehenden Aussichtsturm, von dem sich ein großartiger Blick über Seattle und die Umgebung bietet, befinden sich auf dem weiträumigen Gelände noch zahlreiche weitere Attraktionen. Ein echter Hingucker ist dabei das **Museum of Pop Culture** ❺, welches nicht nur mit seiner „rockigen" Architektur, sondern auch durch seine Ausstellungen zu allen Arten der Pop-Kultur jedes Jahr Tausende Besucher anzieht. In unmittelbarer Nähe zeigt **Chihuly**

◁ Vorseite: Blick von der Space Needle ❷ auf die Innenstadt

▷ Eines von Seattles Gewässern – der blau schimmernde Lake Union [D-E1]

Garden and Glass ❹ atemberaubende Glaskreationen des aus Seattle stammenden Glaskünstlers Chihuly. Zudem finden auf dem Gelände des Seattle Center während der Sommermonate fast täglich kostenlose Konzerte und Veranstaltungen statt.

Auf der gegenüberliegenden Seite der Innenstadt befindet sich mit dem sogenannten **Pioneer Square** ⓰ das „europäischste Viertel" Seattles. Hier, wo die westliche Besiedlungsgeschichte der Stadt vor gerade einmal 160 Jahren begann, kann man

EXTRATIPP

Die Stadt von oben

- •1 [ch] **Dr. Jose Rizal Park.** Von diesem kleinen Park im Stadtteil Beacon Hill überblickt man den südwestlichen Teil der Stadt mit den Sportstadien T-Mobile Park und CenturyLink Field zur Linken und dem Columbia Center zur Rechten.
- › **Gas Works Park** (s. S. 85). Vom Gelände dieses besuchenswerten stillgelegten Gaswerks mit seinen riesigen, vor sich hin rostenden Kesseln und Rohren bietet sich eine großartige Aussicht über den Lake Union und die im Hintergrund gelegene Innenstadt.
- •3 [A1] **Kerry Park.** Kleiner Park auf einer Anhöhe in Queen Anne mit Blick über die Innenstadt, die Elliott Bay und den Mount Rainier. Besonders beliebt (und voll) zum Sonnenuntergang und zum Neujahrs-Feuerwerk.
- ⓬ [C6] **Seattle Great Wheel.** Ein Riesenrad an der Waterfront, von dessen Gondeln man eine gute Aussicht auf die Stadt und ihre Umgebung hat. Nach Sonnenuntergang, wenn das Great Wheel erleuchtet ist und man die illuminierte Innenstadt aus luftiger Höhe genießen kann, ist das Erlebnis gleichzeitig kitschig und eindrucksvoll.
- › **Sky View Observatory/Columbia Center** ⓯. Vom mit über 170 m höchsten Aussichtspunkt der Stadt im 73. Stock des Columbia Center hat man natürlich ebenfalls eine großartige Aussicht und diesmal auch auf die Space Needle.
- ❷ [B3] **Space Needle.** Einzigartiger 360-Grad-Ausblick durch große Panoramafenster. Dazu gibt es ein Stockwerk tiefer den weltweit ersten sich drehenden Glasboden.

004se-tb

in verkehrsberuhigten Straßen und an baumbestandenen, mit Kopfsteinpflaster ausgelegten Plätzen individuelle Designerläden, Cafés und Restaurants besuchen.

Sich Zeit nehmen und in die von Toleranz und Gelassenheit geprägte Lebensatmosphäre eintauchen sollte man auch beim Besuch der die ethnische und kulturelle Vielfalt widerspiegelnden Stadtviertel *(neighborhoods)*. Ob nun im von Geschäftigkeit geprägten **Chinatown-International District** 20, das hippe Viertel **Queen Anne** 22, das ehemals alternative und inzwischen wohlsituierte **Capitol Hill** 19 oder das immer noch alternativen **Fremont** 23 – jedes dieser Viertel repräsentiert ein buntes und interessantes Teilchen im vielschichtigen Mosaik Seattles.

001se-tb

Seattle Downtown ist eine faszinierende Mischung aus historischen Bauten und modernen Wolkenkratzern

Kurztrip nach Seattle

Man kann zwar einen Großteil der Sehenswürdigkeiten in zwei Tagen „abhaken", doch wer Seattle und seine Umgebung wirklich erleben will, sollte mindestens drei Tage einplanen. Die Innenstadt kann man problemlos zu Fuß erkunden. Sich die frische Pazifikluft um die Nase wehen lassend und die Aussicht genießend, kann man die Metropole im wahrsten Sinne des Wortes am „sinnvollsten" genießen.

Tag 1: Vom Pike Place Market zum Seattle Center

„Relax, take it easy", Seattles Lebensmaxime sollte auch das Motto für die Besichtigung der Stadt sein. So könnte man den Tag ganz stilgerecht in einem der Cafés beginnen, die fast an jeder Straßenecke zu finden sind. Seattle ist berühmt für seine Kaffeekultur und so findet sich zum Beispiel im und um den **Pike Place Market** 9 eine große Auswahl. Am beliebtesten ist dabei selbstverständlich das **erste je eröffnete Starbucks-Café.** Danach hat man die Möglichkeit, dem auf Seite 14 beschriebenen **Stadtspaziergang** durch die Innenstadt bis zum Seattle Center 1 zu folgen.

Alternativ könnte man sich auch einer der zahlreichen geführten Touren anschließen. So beginnt jeden Tag um 11 Uhr an der Ecke Western Ave. und Virginia St. beim Pike Place Market ein geführter Rundgang, der den Markt, die Waterfront und das Pi-

oneer-Square-Viertel einschließt (Seattle Free Walking Tour, Reservierung nötig, s. S. 121).

Wer die Stadt **mit dem Fahrrad erkunden** möchte, kann entlang der Uferpromenade bis zum Discovery Park (s. S. 85) radeln und dabei Teile der Innenstadt und naturbelassenere Gebiete außerhalb des Zentrums miteinander verbinden (Seattle Urban Loop, s. S. 17).

Für den Fall, dass es regnet, sollte man sich auf den Weg zum interessanten **Seattle Art Museum** ⑬ oder in die nicht weit entfernte **Central Library** ⑭ im Stadtzentrum machen. Für Familien mit Kindern bietet sich dagegen das nur wenige Minuten vom Pike Place Market entfernte Aquarium ⑩ für einen Besuch an.

Einen stilvollen Tagesabschluss bieten die von der Waterfront abgehenden **Hafenrundfahrten** mit Argosy Tours (s. S. 122). Dabei hat man nicht nur die großartige Aussicht auf die Stadt, sondern kann zudem einen farbenfrohen Sonnenuntergang erleben.

Tag 2: Vom Pioneer Square nach Bainbridge Island

Der zweite Tag beginnt genau dort, wo alles begann, dem Stadtviertel **Pioneer Square** ⑯. Hier, wo die ersten westlichen Siedler 1852 den Grundstein Seattles legten, trifft man noch heute auf die **europäische Vergangenheit der Stadt.**

Direkt am Pioneer Square Park steht die **Büste von Häuptling Sealth,** nach dem die Stadt benannt ist. Gleich nebenan startet die ca. 75-minütige **Bill Speidel's Underground Tour** (s. S. 38) durch die Tunnel und Katakomben des ursprünglichen, mehrere Meter unter der heutigen Stadt gelegenen Seattle. Beim Durchstreifen der Gründerstadt, die von der Mitte des 19. Jh. bis zum großen Feuer 1880 Bestand hatte, bekommt man einen interessanten Einblick in die Anfangstage der Stadt.

△ *Das Epizentrum der Innenstadt – der Pike Place Market* ⑨

Danach sollte man sich eine Pause in den zahlreichen Cafés am **verkehrsberuhigten Occidental Square** [E7] gönnen. Sozusagen gleich um die Ecke gibt das **Klondike Gold Rush National Historical Park** 18 einen hochinteressanten Einblick in jene Epoche Ende des 19. Jh., als Tausende von Goldsuchenden dem Goldrausch in Alaska verfielen. Für eine Mittagspause bieten sich wiederum die zahlreichen Restaurants im Bereich des Occidental Square an.

Nach so viel Beschäftigung mit der Vergangenheit sollte man am Nachmittag einen entspannten Ausflug zur vorgelagerten **Bainbridge Island** 28 unternehmen. Schon die knapp 35-minütige Fährfahrt von der Hafenpromenade ist die Reise wert. Auf der anderen Seite angekommen, kann man dann beim Strandspaziergang das klassische Kontrastprogramm zum Häuserdschungel der Innenstadt von Seattle genießen.

Kehrt man mit der Fähre am späteren Nachmittag zurück zum Pier 55, bleibt noch Zeit, um vom nahegelegenen Great Wheel 12 den Sonnenuntergang über der Elliott Bay zu erleben. Zum stilvollen **Abschluss des Tages** bieten sich die Fischrestaurants an der Uferpromenade für ein Abendessen an.

Tag 3: Ein Tag in den Neighborhoods

Um sich einen Einblick in die Vielfalt Seattles zu verschaffen, gehört ein Besuch der außerhalb des Zentrums gelegenen Stadtviertel unbedingt zum Besuchsprogramm. Besonders empfehlenswert ist dazu der Sonntag, da alle der hier erwähnten Viertel ihre eigenen Sunday Markets abhalten, die sich im Laufe der Jahre zu großen Attraktionen entwickelt haben. Die drei hier genannten Viertel lassen sich problemlos zusammen an einem Tag besuchen.

Das bekannteste Viertel der Stadt ist das gleich östlich der Innenstadt anschließende **Capitol Hill** 19. Wie wohl kein zweiter Stadtteil zeigt es den Wandel vom alternativen Stadtteil zum angesagten, inzwischen teuren Hip-Wohnviertel der unzähligen gutsituierten IT-Angestellten. Exemplarisch für diesen Wandel sind die schicken Neubauten entlang des E Olive Way oder der Pine St., die zunehmend die meist noch aus den 1960er- und 1970er-Jahren stammenden Häuser ersetzen. Gleichzei-

⌃ Fähren verbinden die Innenstadt mit den Inseln (s. S. 52)

tig sind die Graffitis und alternativen Geschäfte noch Zeugen der Counter Culture, die hier ab Mitte der 1950er-Jahre vorherrschte und zunehmend in den Hintergrund gedrängt wird.

Auf der anderen Seite des Union Lake, doch mit dem ausgezeichneten Bussystem problemlos zu erreichen, findet sich mit **Fremont** 23 das Capitol Hill von vor 15 Jahren. Während Capitol Hill zum großen Teil gentrifiziert wurde, spürt man in Fremont den Geist eines unangepassten, noch nicht von „Big Money" bestimmten Seattle. Empfehlenswert ist auch der Besuch des ausgezeichneten **Woodland Park Zoo** 24 am nördlichen Ende von Fremont.

Ruhig und beschaulich geht es im ursprünglich von skandinavischen Einwanderern gegründeten Stadtteil **Ballard** 25 zu. Abgesehen von dem besonders populären Sunday Market zieht es die Besucher zu den **Hiram M. Chittenden Locks** 27, einem im Sommer stark frequentierten Schleusensystem zwischen dem Union Lake und der Elliott Bay, und zum gleich daran anschließenden **Carl S. English Botanical Garden.**

Das gibt es nur in Seattle

- ***Eklig oder cool:*** *Die mit Tausenden von bunten Kaugummis übersäte Gum Wall beim Pike Place Market* 9 *dürfte wohl zu den kuriosesten „Sehenswürdigkeiten" der Welt zählen.*
- ***Die Stadt von unten:*** *Während der Underground Tour (s. S. 38) im historischen Stadtteil Pioneer Square erhält man einen lebhaften Eindruck von dem ursprünglich mehrere Meter unter der jetzigen Stadt gelegenen Seattle der Gründerzeit.*
- ***Riesenkobold unter Brücke:*** *Der einem riesigen Kobold nachempfundene Fremont Troll ist ein typisches Beispiel für das allen Querdenkern willkommene Stadtviertel Fremont* 23.
- ***Lenin im Zentrum des Turbokapitalismus:*** *Eine gigantische Statue der Ikone des Kommunismus tritt einem wehenden Schrittes im Stadtteil Fremont* 23 *gegenüber.*
- ***Seattle mal anders:*** *Mit Ride the Ducks of Seattle (s. S. 122) geht es in restaurierten Amphibienfahrzeugen durch die Straßen der Stadt und danach auf dem Lake Union vorbei an Hausbooten.*

Ein bisschen eklig, aber eine Besucherattraktion – die Gum Wall

007se-tb

Stadtspaziergang

Der im Folgenden beschriebene Spaziergang verbindet mit dem Pike Market, der Altstadt, Chinatown und dem Seattle Center **die populärsten touristischen Ziele von Seattle.** Gleichzeitig kombiniert er kulturelle sowie kulinarische Interessen und bietet Raum für Einkaufsmöglichkeiten.

Wir beginnen unsere Tour (reine Gehzeit ca. 4½ Stunden) im „Heart and Soul" von Seattle, dem **Pike Place Market** ⓽. Im Mit- und Durcheinander von täglich zwischen 20.000 bis 40.000 Besuchern kann man angesichts der über 500 Geschäfte und Verkaufsstände problemlos mehrere Stunden beim Stöbern verbringen, den *fishmongers* beim Werfen der Heilbutts und Lachse zuschauen oder eine Pause in einem der ausgezeichneten Restaurants oder Cafés einlegen. Zum Beispiel könnte man einen Kaffee in der weltweit ersten Starbucks-Filiale trinken oder beim berühmten **Pike Place Chowder** (s. S. 67) eine Fischsuppe genießen.

Auf der direkt beim Markt Richtung Südwesten verlaufenden 1st Ave. geht es dann leicht bergab. Entlang des Weges passiert man auf der linken Seite mit der **The Showbox** (s. S. 77) einen der traditionsreichsten Veranstaltungsorte von Seattle. Speziell nach Sonnenuntergang erinnert die Leuchtreklame über dem Eingang an die Gründerzeit in den 1940er-Jahren, als hier Jazzlegenden wie Duke Ellington und Nat King Cole auftraten.

An der Einmündung der University Street erwartet einen mit der 17 m hohen Statue des „Hammering Man" eine der auffälligsten Kunstinstallationen Seattles. Sie markiert den Eingang zum **Seattle Art Museum** ⓭. Auf der anderen Straßenseite bieten sich die von Bäumen beschatteten Bänke und Stühle der zur Waterfront herunterführenden Harbor Steps zum Ausruhen an.

Von hier sind es noch einmal etwa 500 m entlang der leicht nach Südwesten abfallenden 1st Ave., bis man zum **Pioneer Square** ⓰ gelangt. Dass man sich hier im Zentrum des ursprünglichen Seattle vom Ende des 20. Jh., befindet verdeutlichen die hübschen Backsteinhäuser wie das besonders beeindruckende, von Efeu umrankte Pioneer Building. Unmittelbar davor – und dennoch häufig übersehen – steht die Büste des Indianerhäuptlings Sealth, nach dem die Stadt benannt wurde. Wer sich einen ebenso unterhaltsamen wie informativen Einblick in die Anfänge der Stadtgeschichte verschaffen möchte, sollte an einer Führung der **Bill Speidel's Underground Tour** (s. S. 38) teilnehmen, die am Pioneer Square beginnt.

Geht man vom Platz entlang des nach Osten abgehenden Yesler Way, sieht man 100 m weiter ein ungewöhnliches, recht vernachlässigt wirkendes Gebäude. Dabei handelt es sich um ein Parkhaus, das an ein im Meer versinkendes Schiff erinnert – daher auch sein Name: **Sinking Ship.** Unmittelbar dahinter überragt der 149 m hohe **Smith Tower** ⓱ die Altstadt. Bis in die 1970er-Jahre war er das höchste Gebäude der Stadt. Von der Aussichtsterrasse hat man einen schönen Blick.

Wieder unten angekommen, geht es kaum 50 Meter zurück Richtung Pioneer Square Park und dann nach links in die Occidental Ave. Am gemütlichsten und authentischsten lässt sich das Altstadtviertel entlang des gänzlich verkehrsberuhigten **Oc-**

cidental Square [E7] zwischen S Washington Street und S Jackson Street erleben. Umgeben von ausgezeichneten Restaurants, Cafés, Galerien und Boutiquen kann man hier die Seele baumeln lassen und fühlt sich fast wie in einer Altstadt in Europa. Fast noch unbekannt ist der etwas versteckt an der S Main Street gelegene **Waterfall Garden Park** (s. S. 86). Einen Besuch lohnt auch der ausgezeichnete **Klondike Gold Rush National Historical Park** 18, nur 200 weiter südlich an der S Jackson Street. Eine schöne Gelegenheit zu einer kleinen Kaffeepause bietet danach das auf der anderen Straßenseite gelegene Café **Zeitgeist** (s. S. 73).

Von hier sind es nur etwa 500 m entlang der S Jackson Street bis zur **Union Station.** Das aus dem Jahr 1911 stammende Bahnhofsgebäude dient heute als Umsteigebahnhof für die Stadtbusse und die S-Bahn

Der Pike Place Market 9 *mit dem Seattle Big Wheel* 12 *und der Elliot Bay im Hintergrund*

Routenverlauf im Stadtplan

Der hier beschriebene Spaziergang ist mit einer farbigen Linie im Stadtplan eingezeichnet.

Central Link Rail. Unmittelbar östlich schließt sich das Viertel **Chinatown-International District** 20 an. Auch wenn es nicht mit der Geschäftigkeit anderer chinesischer Viertel konkurrieren kann, lohnt es doch aufgrund seiner Geschäfte und Restaurants einen Besuch und das ausgezeichnete **Wing Luke Museum** (s. S. 60) an der S King St. bietet einen hochinteressanten Einblick in die Geschichte der asiatischen Einwanderer.

Von der Union Station bis zur futuristischen **Central Library** 14 geht man entweder zu Fuß etwa 1 km entlang der 4th Ave. S oder man nutzt die zahlreichen Busverbindungen. Der wie von einem Spinnennetz überzogene Glasbau der Bibliothek im Stil des Dekonstruktivismus gehört zu den spektakulärsten Bauten der Stadt und lohnt einen Besuch.

Weitere 500 m weiter entlang der 4th Ave. befindet sich an der Kreuzung zur Pine Street mit dem Westlake Park ein netter baumbestandener Platz. Abgesehen vom „People Watching" bieten sich die hier am Mittag anfahrenden **Food Trucks** ideal zu einem Snack im Freien an. Wer danach auf **Einkaufstour** gehen möchte, kann dies im auf der gegenüberliegenden Seite befindlichen **Westlake Center** (s. S. 81) oder im mit diesem durch eine Fußgängerbrücke verbundenen Kaufhaus Nordstrom tun.

Schließlich geht es von der im ersten Stock des Westlake Center gelegenen Station der **Monorail** ebenso umweltschonend wie spektakulär innerhalb weniger Minuten zum **Seattle Center** 1. Alternativ kann man auch die 5th Ave. entlanggehen und gelangt so nach etwa 20 Minuten dorthin. Außergewöhnliches gibt es allerdings entlang des Weges nicht zu sehen.

Auf dem Gelände der Weltausstellung von 1962 bieten sich gleich mehrere erstklassige Museen für einen Besuch an. Wer es laut und spektakulär mag, sollte das schon architektonisch äußerst sehenswerte **Museum of Pop Culture** 5 wählen. Das **Chihuly Garden and Glass** 4 stellt die eindrucksvollen Glasskulpturen des Künstlers Mike Chuihuly aus und im **Pacific Science Center** 6 wird „Wissenschaft zum Anfassen" vermittelt. Überragt wird das Gelände von der 162 m hohen **Space Needle** 2, dem Wahrzeichen der Stadt, von deren verglaster Aussichtsplattform sich ein grandioser Blick über Seattle und die spektakuläre Umgebung bietet. Im Foodcourt der **Armory** (s. S. 19) kann man sich schließlich stärken und dann mit der Monorail ganz gemütlich zurück zum Westlake Center fahren.

Auch von einer Fähre aus hat man einen guten Blick auf die Space Needle 2

011se-vs©Visit Seattle

Seattle Urban Loop

Der hier beschriebene ***Fahrradweg*** *(Fahrradausleihe s. S. 120) verbindet die Innenstadt mit einigen der schönsten Parks und Seen von Seattle. Da es sich empfiehlt, entlang des Wegs diverse Stopps einzulegen, sollte man einen ganzen Tag für die Tour veranschlagen.*

Der Beginn ist an der ***Waterfront*** **11** *mit seiner schönen Aussicht auf die Elliott Bay und die vorgelagerten Inseln. Bereits nach ca. 2 km führt der Weg durch den* ***Olympic Sculpture Park*** **7** *mit seinen großen Skulpturen und Plastiken. Weiter entlang der ruhigen, von Wiesen flankierten Fahrradwege geht es durch den* ***Myrtle Edwards Park*** *und entlang des* ***Elliott Bay Trail*** *vorbei an einem Felsvorsprung durch den Smith Cove Park und den Magnolia Park zum nördlich gelegenen* ***Discovery Park*** *(s. S. 85). In diesem, aus einem ehemaligen Militärgebiet hervorgegangenen größten Naturpark Seattles mit seinen Stränden, Spielwiesen, Picknickplätzen und historischen Gebäuden könnte man problemlos einen ganzen Tag verbringen.*

Nachdem man hier ein Päuschen eingelegt und sich erholt hat, gelangt man entlang des Commodore Way und durch den gleichnamigen Park zu den fotogenen ***Hiram M. Chittenden Locks*** **27** *im Stadtteil Ballard. Im Sommer sieht man hier fast immer, wie die Schiffe durch das Schleusensystem navigiert werden. Zeit sollte man sich auch nehmen, um die entlang der direkt daneben angebrachten Fischleitern schwimmenden Lachse zu beobachten – ein faszinierendes Schauspiel! Wer möchte, kann hier umkehren und den gleichen Weg zurück ins Zentrum von Seattle radeln.*

Will man den gesamten Rundweg erleben, schiebt man sein Fahrrad über die Schleusen auf die andere Seite, wo die ***Carl S. English Botanical Garden*** **27** *mit ihren herrlichen Blumenarrangements einen Besuch wert sind. Von hier fährt man entlang des Burke-Gilman Trails zum* ***Gas Works Park*** *(s. S. 85). Mit seinen riesigen Kesseln und Rohrleitungen und seiner Lage direkt am Ufer des Lake Union ist er einer der attraktivsten Parks der Stadt.*

Zurück auf den Burke-Gilman Trail geht es vorbei an der Universität von Washington und dem Interstate 90 Trail Richtung South Jackson Street. Selbige führt an ihrem südlichen Ende wieder zurück zur Waterfront.

› *www.ridewithgps.com/routes/15037986*

010se-tb

Leihräder stehen in der Innenstadt an vielen Orten zur Verfügung (s. S. 120)

Erlebenswertes im Zentrum

❶ Seattle Center ★★★ [B3]

Das Areal der Weltausstellung von 1962 beherbergt neben der Space Needle, dem berühmten Wahrzeichen Seattles, eine ganze Reihe an weiteren hochkarätigen Sehenswürdigkeiten. Hier kann man problemlos einen halben Tag verbringen.

Ein Blick auf die Karte genügt, um zu sehen, dass das Seattle Center trotz seines Namens nicht im Zentrum der Stadt, sondern etwa 2 km nördlich davon liegt – und doch ist sein Name treffend, denn es steht auch heute noch für das Großereignis, das Seattle zu weltweiter Reputation verhalf. War Seattle zuvor nicht viel mehr als eine größere, recht abgeschottete Großstadt im äußersten Nordwesten der USA, gehört es seit der **Weltausstellung von 1962** zu den bekanntesten und erfolgreichsten Metropolen des Landes. Mit über 10 Mio. Besuchern war die Expo ein absoluter Publikumsmagnet und bildete die Grundlage für in Seattle angesiedelte Weltunternehmen wie Microsoft, Amazon, Boeing oder Starbucks.

012se-tb

„Celebrating Tomorrow's Fresh New Environment", dieses von Optimismus, Aufbruch und Glaube an technische Neuerung geprägte Motto der Weltausstellung scheint bis heute die Atmosphäre auf dem Gelände zu prägen und das **Seattle Center** widersteht hartnäckig allen Veränderungen. Zwischen Picknickwiesen und Springbrunnen, Theatern und Auditorien hat sich in einer herrlich wagemutigen, auf alle Funktionalität pfeifenden Architektur ein von kreativer Leichtigkeit geprägtes Viertel entwickelt, das zum Verweilen einlädt.

Im geografischen Mittelpunkt des ca. 30 ha großen Geländes steht der **International Fountain.** Dieser das ganze Jahr über betriebene Springbrunnen versprüht aus 20 Düsen immer wieder variierende Wasserbilder, die von Weltmusik unterlegt sind. Während der Sommermonate ist der Brunnen vor allem bei Kindern sehr beliebt und die dann hier häufig stattfindenden Freiluftkonzerte sind ein beliebter Treffpunkt von Einheimischen und Touristen gleichermaßen.

Ein weiteres „Relikt" der Expo, das zur damaligen Zeit als ultra-modern galt, ist die bis heute in Betrieb befindliche **Monorail,** die als Teil des öffentlichen Nahverkehrs jährlich mehr als 2 Millionen Passagiere befördert. Die Hochbahn fährt mitten durch das Mu-

◁ *Die Monorail (s. S. 128) fährt mitten durch das Museum of Pop Culture* ❺

seum of Pop Culture 5 und nonstop bis ins Zentrum des Seattle Center.

Das älteste Gebäude auf dem Gelände des Seattle Center steht gleichzeitig für die für Seattle so typische Anpassungsfähigkeit: Die **Armory** diente seit ihrer Eröffnung im Jahr 1934 bereits als Zeughaus der Armee, Einkaufszentrum, Museum, Kinderspielplatz und Veranstaltungsort. Besonders beliebt sind die jedes Jahr hier stattfindenden Konzerte und der große Food Court im Inneren. Im ersten Stock des Gebäudes befindet sich das bei Familien mit Kleinkindern beliebte **Children's Museum** (s. S. 118). Gleichzeitig ist die Armory mit ihren diversen Bühnen einer der bedeutendsten Veranstaltungsorte des im September stattfindenden Bumbershoot-Festivals (s. S. 88).

Die **KeyArena**, ehemals Heimat der inzwischen nach Oklahoma abgewanderten Basketballmannschaft Seattle Super Sonics und über viele Jahre einer der bedeutendsten Veranstaltungsorte der Stadt, ist für die nächsten Jahre eine große Baustelle. Hier entsteht das neue, auf dem neuesten Stand der Technik errichtete Stadion der Eishockey-Mannschaft von Seattle, das 20.000 Zuschauern Platz bieten soll. Nachdem Seattle nach langjährigen Bewerbungen als 32. Team der nordamerikanischen Eishockeyliga anerkannt wurde, begannen unverzüglich die Bauarbeiten an der fast 700 Mio. Dollar teuren Arena. Ende 2021 soll hier die bisher noch nicht mit einem offiziellen Namen ausgestattete Mannschaft ihre Spiele austragen.

Eines der scheinbar ältesten Objekte auf dem Gelände des Seattle Center ist tatsächlich eines der jüngsten und gleichzeitig ein Mahnmal. Der 10 m hohe **Totempfahl** erinnert an den jungen „Indianer" John T. Williams (zur Verwendung des Begriffs „Indianer" s. S. 93). Der gerade einmal 22 Jahre alte Mann wurde am 30. August 2010 ohne erkennbaren Grund von einem Polizisten in der Innenstadt erschossen.

› 305 Harrison St., Tel. 6847200, www.seattlecenter.com, am besten mit der Monorail von der Innenstadt aus zu erreichen

★4 [B3] **Armory**, www.seattlecenter.com/explore/attractions/armory, geöffnet: So–Do 7–21, Fr/Sa 7–22 Uhr

2 Space Needle ★★★ [B3]

Das 184 m hohe Wahrzeichen von Seattle mit seiner „futuristischen Retro-Architektur", die an ein Raumschiff aus einer fernen Science-Fiction-Vergangenheit erinnert, ist nicht nur ein echter Hingucker, sondern bietet von seiner Aussichtsplattform auf 160 m Höhe auch einen grandiosen Ausblick auf die Stadt und die Umgebung. Gerade die Mischung aus Retro und Moderne macht die Space Needle so einzigartig. Kein Wunder, dass sie während der letzten Jahrzehnte auch in zahlreichen Hollywood-Filmen auftauchte.

„Eiffelturm von Seattle" wird das auffällige Gebäude auch genannt und so problematisch solche Vergleiche auch sein mögen, so auffallend sind bei näherer Betrachtung die Parallelen. Beide Türme wurden als Symbol für Weltausstellungen gebaut (Paris 1884/Seattle 1962), beide symbolisieren die Aufbruchstimmung ihrer Zeit (Industrialisierung/Aufbruch zum Weltraum), beide sind heute Wahrzeichen ihrer Stadt und ziehen jedes Jahr Millionen von Besuchern aus aller Welt auf ihre Aussichtsplattformen.

013se-tb

Seit einer umfangreichen, über 100 Mio. Dollar teuren Runderneuerung ist das Observation Deck der Space Needle auf 160 Meter Höhe ein echtes Erlebnis. Rasend schnelle Aufzüge bringen die täglich bis zu 20.000 Besucher in Windeseile auf die Aussichtsplattform. Oben angekommen, offenbart sich direkt nach dem Öffnen der Aufzugstüren ein unvergesslicher Blick. Durch die sich nach außen neigenden Panoramafenster sieht man über die Innenstadt auf die sich dahinter auftuende Kulisse mit Olympic und Cascade Mountains, Mount Baker und Mount Rainier sowie der Elliott Bay und den wie kleine Schmucksteine scheinbar darin schwimmenden Inseln – so viel Stadt und gleichzeitig so viel wilde Natur.

Ende 2018 wurde der eine Etage tiefer gelegene und über eine Treppe zu erreichende **The Loupe** eröffnet. Dabei handelt es sich um eine Aussichtsetage mit Glasboden, die sich mithilfe von 12 Motoren um die Achse des Turms dreht und damit weltweit einzigartig ist – nichts für Menschen mit Höhenangst. Übrigens: Auch wenn es, was im Nordwesten relativ häufig vorkommt, so richtig stürmisch werden sollte, muss man sich keine Sorgen machen. Die Space Needle wurde so konstruiert, dass sie selbst Windgeschwindigkeiten von über 300 km widersteht.

Wieder unten angekommen, ist das Vergnügen noch nicht beendet, landet man doch dieses Mal nach Öffnung des Fahrstuhls automatisch (welch eine Überraschung) im Gift Shop. Die dort angebotenen Souvenirs sind derart kitschig, dass sie schon wieder schön sind.

› 400 Broad St., Tel. 9052100, www.spaceneedle.com, geöffnet: in der Hauptsaison So–Mo 8–24 Uhr, in der Nebensaison abweichend (s. Website), letzter Einlass 45 Minuten vor Schließung, Eintritt: $ 32,50–37,50, über 65 Jahre $ 27,50–32,50, 5–12 Jahre $ 24,50–28,50, verschiedene Kombitickets mit anderen Sehenswürdigkeiten. Wer sein Ticket online gebucht hat, kann durch einen speziellen Eingang an den Warteschlangen vorbei zum Aufzug.

Auch heute noch wirkt die Space Needle futuristisch

Die Bill & Melinda Gates Foundation ist die größte private Stiftung der Welt

3 Bill & Melinda Gates Foundation Discovery Center ★★★ [C2]

Das erklärte Ziel der von Bill Gates, dem Gründer von Microsoft, und seiner Frau Melinda ins Leben gerufenen größten privaten Stiftung der Welt ist es, die Armut in der Welt zu verringern und allen Menschen ein gesundes und produktives Leben zu ermöglichen. In den Ausstellungsräumen nahe der Space Needle erhält man einen hochinteressanten Einblick in die sich über den gesamten Globus verteilten Hilfsprojekte.

Die unterstützten Initiativen befassen sich dabei mit verschiedenen Themengebieten, wobei die Spannbreite von der Obdachlosigkeit über die Verbesserung der schulischen Bildung in den USA bis zu landwirtschaftlicher Entwicklung und der Bekämpfung von Malaria in Afrika reicht.

Die Ausstellung stellt einige der bedeutendsten **Hilfsprojekte**, aber auch einzelne **Personen mit Vorbildcharakter** vor und regt den Besucher dazu an, sich Gedanken zu machen, was er selbst zur Verbesserung der Welt beitragen kann. Sie will aufzeigen, dass jeder Mensch über individuelle Talente, Kreativität und das Potential verfügt, zur Lösung der weltweiten Probleme beizutragen.

Das Discovery Center ist aber nicht nur etwas für Erwachsene. Hier kann die ganze Familie mitmachen! So kann man z. B. in der Abteilung „Innovation & Inspiration" bei dem Quiz **„Find your Skills"** die eigenen Fähigkeiten und Vorlieben erkunden und wird danach eingeladen, genau diese Eigenschaften in Hilfsprojekten einzubringen. Einen großen Teil der durch Multimedia zum Leben erweckten Projekte nehmen zudem die gerade für Kinder und Jugendliche besonders wichtigen Themen Umwelt und Erderwärmung ein. So stellen zehn Jugendliche aus allen Teilen der Erde die von ihnen initiierten Projekte zum Schutz ihrer speziellen Region vor.

Dass die Themen **Umweltschutz** und **Nachhaltigkeit** nicht nur zu den Kernideen der Stiftung gehören, sondern auch konkret umgesetzt werden, zeigt sich nicht zuletzt am Besuchszentrum selbst. So wurden die Fußböden, Bänke und Ausstellungsobjekte zum großen Teil aus dem Holz abgestorbener Bäume hergestellt und zur Isolierung der Wände wurden 2300 recycelte Jeans verwendet. Das weiträumige begrünte Dach ist von der Space Needle 2 aus gut sichtbar.

› 440 5th Ave. N, Tel. 7093100, www.discovergates.org, Eintritt: kostenlos, geöffnet: Di–Sa 10–17 Uhr

014se-tb

4 Chihuly Garden and Glass ★★ [B3]

Innovation, Kreativität und Spaß – diese das gesamte Areal des Seattle Center kennzeichnenden Prinzipien finden sich mustergültig auch in dem gleich unterhalb der Space Needle angesiedelten Chihuly Garden and Glass wieder.

Initiator und Namensgeber für dieses einzigartige Museum ist der 1941 in Tacoma geborene **Glaskünstler Dale Patrick Chihuly.** Mit seinen aufwendigen Installationen, die von elegant bis extravagant reichen, sprengt er die Grenzen der klassischen Glasbläserei und kreiert eine Zauberwelt, die begeistert.

Das Museum ist in mehrere Bereiche unterteilt. Zunächst gelangt man in den **Sealife Tower.** Wie es der Name bereits suggeriert, betritt man einen Raum, dessen Zentrum von einer 7 m hohen Installation beherrscht wird, die wie eine in den Himmel ragende Spirale von ineinander verwobenen Kreaturen des Ozeans aussieht. Wie alle Ausstellungsobjekte wird der an sich schon beeindruckende visuelle Effekt durch die **dramatischen Lichtverhältnisse** noch intensiviert.

Die Abteilung **Ikebana & Float Boats** mit den wie in einem Kanal schwimmenden kleinen Ruderbooten, in denen spielerisch beleuchtete Glaskugeln verteilt sind, nimmt Bezug auf Chihulys Installationen in Venedig. In seinem viel beachteten Projekt „Chihuly Over Venice" platzierte er im Jahr 1996 15 faszinierende Objekte in den Gassen und Kanälen der Lagunenstadt.

Herzstück des Museums ist das 35 m lange und 15 m hohe **The Glasshouse,** das mit seinen Hunderten von in Rot, Gelb, Orange gehaltenen floralen Installationen wie ein überdimensionales Gewächshaus wirkt.

Am Ende des Rundgangs gelangt man ins Freie, wo eine **Gartenanlage** mit scheinbar ineinander verschmelzenden natürlichen Pflanzen und Chihulys Glasinstallationen den gelungenen Abschluss bildet.

› 305 Harrison St., Tel. 7534940, www.chihulygardenandglass.com, geöffnet: Mo 8.30.-20.30, Di-Do 9-19, Fr-So 8.30-21.30 Uhr, Eintritt: Erw. $ 32, ab 65 Jahre $ 27, 5-12 Jahre $ 19, Kombiticket mit Space Needle verfügbar

5 Museum of Pop Culture (MoPOP) ★★★ [C3]

Das nicht nur architektonisch spektakuläre Museum auf dem Gelände des Seattle Center befasst sich mit allen Aspekten der Popkultur.

Entworfen wurde das **schreiendbunte Gebäude** mit den wallenden Stahlwänden vom weltberühmten **Architekten Frank Gehry,** der unter anderem auch das Guggenheim-Museum in Bilbao und die Walt Disney Concert Hall in Los Angeles schuf. Besonders ungewöhnlich ist die Tatsache, dass die Hochbahn Monorail mitten durch das Museum fährt. Der dekonstruktivistische Bau ist ein frecher, selbstbewusster, kreativer und „lautstarker" Rahmen für die hier zelebrierte Popkultur und passt sich wunderbar in das verspielte, innovative und mutige Ensemble des Seattle Center ein.

Im Inneren wartet zunächst die von dem in Deutschland geborenen Künstler Gerhard Trimpin entworfene Installation „If VI was IX" auf den Besucher. Dabei handelt es sich um eine **mit über 500 Instrumenten ummantelte Säule** im Hauptraum.

Nicht überraschend stehen dann **Jimi Hendrix** und **Kurt Cobain,** die Ikonen der Musikszene Seattles und zwei der bekanntesten Musiker weltweit, im Mittelpunkt. Die Ausstellung ist jedoch nicht nur eine „Heldenverehrung", sondern die Karrieren der Rock- und Grunge-Musiker werden im Kontext der jeweiligen Zeitepoche behandelt und erklärt. Zudem gibt es immer wieder sehr informative und spannende **Sonderausstellungen zu anderen Größen der Popmusik.**

Im **Sound Lab** im Obergeschoss heißt das Motto „Selbst Hand anlegen". In kleinen schallgedämpften Räumen kann man seiner Kreativität und seinen Gefühlen beim Spielen so gut wie aller klassischen Instrumente der Popmusik freien Lauf lassen. Allerdings besteht ein Zeitlimit von 10 Minuten, dann muss man Platz machen.

In den letzten Jahren sind die Zusatzausstellung **Science Fiction Museum** und die **Fantasy Hall of Fame** hinzugekommen. In Letzterer werden innovative Künstler wie die Schriftsteller George Orwell, J.R.R. Tolkien und Ray Bradburry oder die Regisseure Stanley Kubrick, Ridley Scott und George Lucas geehrt.

Das Museum of Pop Culture würde seinem Namen nicht gerecht, hätte es nicht auch Sonderausstellungen zur **ganzen Bandbreite der Popkultur** zu bieten. Dabei reicht die Bandbreite von Comics über Graffiti und Horrorfilme bis zu Computerspielen und Tattoos. Über die aktuellen Ausstellungen informiert die Website des Museums.

› 325 5th Ave. N, Tel. 7702700, www.mopop.org, geöffnet: Hauptsaison tägl. 10–19, Nebensaison tägl. 10–17 Uhr, Eintritt: Erw. $30, ab 65 Jahre/Studenten $27, 5–17 Jahre $21, online günstiger. Zusatzgebühren für die „Special Exhibitions" s. Website.

015se-tb

Ein echter Hingucker – das spektakuläre Museum of Pop Culture

6 Pacific Science Center ★★ [B3]

„Experience Science in a new way" – mit diesem Motto zieht das Pacific Science Center auf dem ehemaligen Gelände der Weltausstellung seit vielen Jahren Besucher an. Wissenschaft wird hier anfassbar gemacht und damit verständlich dargeboten.

Im Ausstellungsgebäude finden sich viele **interaktive Module** von alltagspraktischen Themen bis hin zur Astrophysik. Auch für Kinder und Jugendliche ist die Ausstellung span-

Jimi Hendrix, der linkshändige Magier

Zerrüttetes Elternhaus, Musik als Flucht vor häuslichen Problemen, erste Plattenaufnahmen, kometenhafter Aufstieg zum ***Superstar der Rockmusik,*** *Drogenprobleme, früher Tod, Legendenbildung – klingt nach einem klassischen Rock-and-Roll-Klischee? Ist es auch. In diesem Fall ist der Protagonist Jimi Hendrix – einer der bekanntesten und legendärsten Vertreter des Rock-and-Roll-Zeitalters der 1960er-Jahre. Er gehört wie Janis Joplin, Jim Morrison, Kurt Cobain oder auch Amy Winehouse dem „Klub 27" an, einem „Klub" von genialen Musikern, die bereits mit 27 Jahren verstarben und denen das Motto „Live Fast, Love Hard, Die Young" zugesprochen wird.*

Hendrix' musikalisches Vermächtnis ist groß, obwohl sein Leben kurz war. Nur vier Jahre im Rampenlicht reichten, um der Musikgeschichte ein umfangreiches Werk zu hinterlassen. Alles in seinem Leben ging rasend schnell, als wenn er geahnt hätte, dass er nur eine sehr begrenzte Zeit für sein künstlerisches Schaffen zur Verfügung hatte, führte er ein ***Leben auf der Überholspur.***

Hendrix wurde am 27. November 1942 in Seattle unter dem Namen John Allen Hendrix in eine verarmte Familie mit afroamerikanischen und indianischen Vorfahren geboren. Seine Eltern, die sich unter dem Einfluss von Alkohol häufig stritten, ließen seinen Namen 1946 in ***James Marshall Hendrix*** *ändern. Durch die häusliche Gewalt im Elternhaus und die vielen Umzüge der Familie wurde Jimi zu einem schüchternen Jungen.*

1951 ließen sich die Eltern scheiden, sieben Jahren später starb Hendrix' Mutter an Leberzirrhose. Jimi entkam seinen häuslichen Verhältnissen, indem er oft stundenlang Jazz-, Blues- und Soulmusik hörte. Frühe Weggenossen schildern, wie er durch die ekstatischen Auftritte schwarzer Saxophonisten beeinflusst war, die ganze Säle in Raserei versetzten.

Zunächst spielte Hendrix auf einer 5-Dollar-Gitarre, die ihm sein Vater geschenkt hatte. Auch wenn diese nur eine Seite hatte, entlockte er ihr bereits eine außergewöhnliche Klangbreite. Er lernte schnell die wichtigsten Griffe und trat in den Klubs der Umgebung auf.

Wegen schlechten Benehmens und weil er nur seine Gitarre im Kopf hatte, flog er zuerst von der High School und dann aus der US Army. Er wurde Profimusiker und arbeitete jahrelang als Bandmusiker für einen Hungerlohn mit legendären Rhythm-and-Blues-Musikern wie King Curtis und den Isley Brothers, Ike und Tina Turner, Little Richard, Otis Redding und B. B. King. Frustriert von der mangelnden kreativen Freiheit entschloss er sich, seine eigene Band zu gründen. Als er 1966 in einem Café im New Yorker Stadtteil Greenwich Village mit der Band Jimi James and the Blue Flames auftrat, hörte ihn die Freundin von Rolling Stone Keith Richard. Sie animierte den Musikagenten Chas Chandler, Hendrix nach England zu holen. Die Band ***Jimi Hendrix Experience*** *wurde gegründet und innerhalb weniger Monaten avancierte Hendrix zu einem der bekanntesten Rockmusiker Englands und hatte Anfang 1967 mit* ***„Hey Joe"*** *seinen ersten Hit.*

In Amerika war er jedoch nach wie vor so gut wie unbekannt. Das sollte sich im Juni 1967 mit seinem legendären Auftritt bei dem ***Monterey Pop Festival*** *schlagartig ändern. Seine Interpretation des Hits „Wild Thing" schlug das Publikum in den Bann und gehört heute zu den bekanntesten Liveauftritten der Rockgeschichte. Am Ende des von ungeheurer Intensität und kreativer Virtuosität geprägten Auftritts, bei dem er seine Gitarre unter anderem mit der Zunge und auf dem Rücken platziert spielte, setzte er sie vor den Augen des begeisterten Publikums in Brand. Die Bilder gingen um die Welt und aus dem Gitarrenmagier aus Seattle wurde eines der höchstbezahlten Rockidole seiner Zeit. Bei all seiner wahnwitzigen Bühnenshow wird jedoch häufig übersehen, dass er auch* ***technisch perfekt*** *war. Er spielte sein Instrument mit solcher Konzentration, dass er immer die Kontrolle über die Show behielt.*

Sein Album ***„Electric Ladyland"****, das im Oktober 1968 erschien, gilt nicht nur als das beste der insgesamt nur drei von Hendrix veröffentlichten Alben, sondern revolutionierte das Gitarrenspiel und die Rockmusik. Die Musikwelt überschlug sich mit Lobeshymnen. Hendrix entzauberte der E-Gitarre neue Klangwelten, die mit dem zur damaligen Zeit in der Rockwelt regierenden Rauschgift eine ebenso kreative wie zerstörerische Partnerschaft eingingen.* ***LSD trifft auf Blues,*** *war dann auch einer der treffendsten Kommentare.*

Kein anderes Konzert symbolisierte so sehr den Geist der 1968er-Generation und das Genie von Hendrix wie das ***Woodstock Festival.*** *Die „3 Days of Peace & Music" im August 1968, die in dem kleinen Ort White Lake nahe der Kleinstadt Bethel und etwa 70 Kilometer vom namensgebenden Woodstock entfernt stattfanden, gelten als der Höhepunkt der Hippie-Bewegung und versammelten vor etwa 400.000 Besuchern die Crème de la Crème der damaligen Musikwelt. Als letzter Musiker trat Jimi Hendrix auf und lieferte* ***eines der bekanntesten Konzerte der Musikgeschichte.***

Mit seiner Version der US-Nationalhymne, die er virtuos verfremdete und in die er Sirenengeheul und Geschützdonner einbaute, machte sich Hendrix zur Speerspitze der Anti-Vietnamkrieg-Bewegung und wurde zur Ikone einer Generation.

Als er am 18. September 1970 unter bis heute nicht vollständig geklärten Umständen im Alter von gerade einmal 27 Jahren in London starb, war der ehemals schüchterne Junge aus Seattle längst zu einer Legende geworden.

017se-tb

018se-tb

nend, da man hier anhand von interessanten Experimenten Phänomenen auf die Spur kommt, die im täglichen Leben eine Rolle spielen.

Der Hauptfokus des Museums ist es, neugierig auf wissenschaftliche Themen zu machen und die Leidenschaft am Ausprobieren und Experimentieren zu wecken. In den letzten Jahren wurde zudem dem Bereich **Umwelt und Erderwärmung** wesentlich mehr Raum eingeräumt. Ein Dauerbrenner ist auch die seit fast 30 Jahren zu sehende **Dinosaurier-Abteilung.** Gleich zwei **IMAX-Theater,** ein tropischer **Schmetterlingsgarten** und ein **Planetarium** sind weitere Attraktionen.

Baumeister des insgesamt aus acht Gebäuden bestehenden Areals mit seinen markanten, nach Sonnenuntergang angestrahlten Torbögen in der Mitte war der japanische Architekt Minoru Yamasaki, der auch für das am 11. September 2001 zerstörte World Trade Center in New York verantwortlich zeichnete.

› 200 2nd Ave. N, Tel. 4432001, www.pacificsciencecenter.org, geöffnet: im Sommer tägl. 10–17/18 Uhr, im Herbst/Winter Mo/Di geschlossen, Eintritt: Erw. $ 25,95, über 65 Jahre $ 23,95, 6–17 Jahre $ 17,95, 3–5 Jahre $ 13,95, Extragebühr für IMAX

7 Olympic Sculpture Park ★★ [B4]

Der 2007 vom Seattle Art Museum eröffnete Olympic Sculpture Park ist ein Musterbeispiel eines gelungenen städtischen Erneuerungsprojekts. Die Transformation von einem kontaminierten Industriegebiet zu einem **öffentlichen Park mit Kunstobjekten** ist vollauf gelungen. Schon die Lage am Puget Sound mit Blick auf die Gebirgskette Olympic Mountains lädt zum Verweilen ein. Von den zum Teil großflächigen Kunstobjekten, die über den 8 ha großen, terrassenförmig angelegten Park verteilt sind, gehören die mit dem schönen Namen **„Seattle Cloud Cover"** versehene Glasbrücke und die

geschwungene rote Stahlkonstruktion **„The Eagle"** zu den eindrücklichsten. Ein Pavillon am höchsten Punkt des Parks bietet neben einem Café und Souvenirshop auch ein kleines Informationszentrum, in dem auf die Geschichte des Parks eingegangen wird.

› 2901 Western Ave., Tel. 6543100, www.seattleartmuseum.org/visit/olympic-sculpture-park, geöffnet: tägl. Sonnenauf- bis Sonnenuntergang

8 Victor Steinbrueck Park ★ [C5]

Der nach dem Stadtplaner **Victor Steinbrueck** benannte Park ist ein „Stadtpark" im wahrsten Sinne des Wortes. In einer Metropole, die in der Innenstadt nicht gerade mit öffentlichen Begegnungsstätten gesegnet ist, brauchte es einen weitsichtigen Kopf wie Steinbrueck, der sich bereits in den 1960er-Jahren vehement für die Erhaltung des vom Abriss bedrohten Pike Place und des Pioneer Place einsetzte, um diesen einzigen Park im Stadtzentrum zu errichten. „Spirituelles Zentrum" der kleinen Parkanlage sind **zwei Totempfähle,** die von Steinbrueck selbst entworfen und von einem berühmten First-Nation-Schnitzer angefertigt wurden. Ein Bild davon, wie beliebt die Grünfläche bei der Einheimischen ist, kann man sich an jedem Sonnentag machen, wenn hier Menschen aus allen Gesellschaftsschichten und Altersklassen ein Päuschen einlegen. Im Rahmen der für die nächsten Jahre geplanten weiträumigen Neugestaltung der Uferpromenade wird auch der Victor Steinbrueck Park einer „Auffrischung" unterzogen.

› 2001 Western Ave., Tel. 6844075, www.seattle.gov/parks/find/parks/victor-steinbrueck-park, geöffnet: tägl. 6–22 Uhr

9 Pike Place Market ★★★ [D6]

Der Markt im Zentrum von Seattle zieht mit seinen auf mehreren Etagen angesiedelten Geschäften, Verkaufsständen und Restaurants jeden Tag Tausende von Einheimischen und Besuchern an.

Nicht Space Needle oder Starbucks, sondern ein Markt steht in der Beliebtheitsskala von Einheimischen und Besuchern aus aller Welt an erster Stelle – und zwar mit Abstand. Mehr als 10 Millionen Menschen schieben sich jedes Jahr durch die stets vollen Gänge dieser Sin-

⌃ *Kunst unter freiem Himmel – der Olympic Sculpture Park*

‹ *„Wissenschaft zum Anfassen" ist das Motto des Pacific Science Center* 6

020se-tb

nesschau. Der Pike Market ist nicht nur eine Institution, er ist **Seattle in Reinkultur.**

Der sich vom Ende der Pike Street bis zur Waterfront über drei Ebenen erstreckende Komplex mit seinen **80 Restaurants** (darunter einige der besten der Gourmetmetropole Seattle) und **mehr als 200 individuellen Geschäften und Verkaufsständen** ist ein Paradies für Gourmets, Shopper, Müßiggänger, Fotografen und Liebhaber von jeglicher Art von Schnickschnack. In diesem Tempel der Farben, Gerüche und Geräusche kann man mühelos mehrere Stunden verbringen, ohne sich auch nur ansatzlos zu langweilen. Hier feiert sich das innovative, unabhängige, kreative, unangepasste, kulinarische Seattle – und verdient sich daran eine goldene Nase.

Der Eingang zum Hauptgebäude des ältesten Bauernmarktes Nordamerikas

Am Eingang an der Pike Street wird man von **Rachel the Piggy Bank** begrüßt, einem lebensgroßen Schwein aus Bronze. Das Sparschwein bietet den Passanten die Möglichkeit, ein paar Münzen in seinen Bauch zu werfen. Mit den ca. $ 10.000 Spenden jährlich werden karitative Projekte der Markt-Betreibergesellschaft wie die Pike Market Food Bank, ein Seniorencenter und eine Gesundheitszentrum unterstützt.

Rachel steht hier schon seit 1907, dem Jahr der **Markteröffnung.** Ein Jahr zuvor hatte die Bevölkerung gegen die drastische Erhöhung der Lebensmittelpreise, festgemacht an der Verzehnfachung des Preises für Zwiebeln, protestiert. Kurzerhand entschloss sich die Stadtverwaltung, einen öffentlichen Markt zu eröffnen, auf dem die Verbraucher ihre Lebensmittel unter Ausschaltung der für den

Preiswucher verantwortlich gemachten Zwischenhändler direkt von den Bauern kaufen konnten. „Schwein gehabt", muss man über 100 Jahre später in Anbetracht des phänomenalen Erfolgs des Pike Place Market sagen.

„Meet the producer", so steht es seit mehr als hundert Jahren an der Fassade des Hauptgebäudes. Und so ist es bis heute geblieben, auch wenn der Pike Place Market inzwischen eine turbulente Mischung aus Touristenattraktion, Souvenirmarkt, Speisekammer der lokalen Spitzenköche und **Wallfahrtsstätte aller Starbucks-Fans** ist, weil hier 1971 das allererste Kaffeegeschäft der Firma eröffnet wurde.

Bevor man sich in den Markt begibt, sollte man sich das bunte Treiben auf dem Vorplatz und in den Straßen in der unmittelbaren Umgebung nicht entgehen lassen. Besonders die zum Teil äußerst skurrilen **Straßenkünstler** lohnen ein genaueres Hinschauen. Von Musikern über Akrobaten bis zu Pantomimen ist alles dabei.

Vor der Erkundungstour ist es dann noch wichtig zu wissen, dass es sich bei dem Pike Place Market nicht nur um das schmale, langgezogene Hauptgebäude handelt, das sich entlang des Hügels oberhalb der Elliott Bay befindet. Nach dessen Eröffnung im Jahr 1907 wurden im Laufe der Jahrzehnte weitere Backsteingebäude zwischen dem Originalbau und der 1st Ave. errichtet, die heute ebenfalls bedeutende Teile des Markts sind.

Ausgerüstet mit einem Plan (erhältlich am Informationskiosk auf dem Vorplatz), der ein wenig Übersicht in das verwirrende Mit- und Durcheinander im Inneren verspricht, begibt man sich in den über mehrere Ebenen erstreckenden Gebäudekomplex. Vom Kaviar über tibetanische Gebetsfahnen bis zu handgestrickten Babyhütchen ist alles im Angebot.

Der wohl bekannteste Stand, und dementsprechend immer dicht umlagert, gehört den **Fishmongers.** Die Fischverkäufer holen ihre direkt vor Ort im Pazifik gefangenen Königslachse aus den Eisbecken, in denen sie ausliegen, und werfen sie in hohem Bogen durch die Luft zu ihren Kollegen, die an der Waage darauf warten, die zum Teil fast schon beängstigend großen Exemplare zu wiegen. Die Kameras klicken im Rekordtakt, um dieses wohl einzigartige Schauspiel einzufangen. Am Anfang dieses Rituals stand der Legende nach die Frustration eines der Fischhändler mit dem Zeit- und Arbeitsaufwand, dessen es bedurfte, den vom Kunden ausgewählten Fisch vom Verkaufsstand zum Wiegen und Verpacken in den Rückraum und danach wieder zum Kunden nach vorne zu tragen. Spontan entschloss er sich, den Fisch zu seinem Kollegen zu werfen, um darauf voller Freude zu rufen: „Man, I just saved 100 steps".

Zuweilen laden die Verkäufer auch Kunden oder Touristen ein, sich als „Fischwerfer" zu versuchen. Häufig fliegt der Fisch dabei jedoch über das Ziel hinaus, da es für einen guten Wurf einer besonderen Technik bedarf.

Der erst im Sommer 2017 fertiggestellte **Ergänzungsbau** des Pike Place Market mit seinen hellen, lichtdurchfluteten Hallen entbehrt zwar der geschichtsträchtigen Atmosphäre des Originalbaus, bietet dafür jedoch eine Reihe interessanter Geschäfte und Restaurants sowie zahlreiche Erholungsbereiche und eine Aussichtsplattform mit guter Aussicht auf den Puget Sound.

021se-tb

Spaziergang durch den Pike-Place-Komplex

Wir beginnen unseren Erkundungsgang durch den Pike Place Market am Eingangsbereich mit dem überlebensgroßen Schriftzug „Public Market Center“ an der Pike Street. Seit 1937 ragt dieses ikonische Neonzeichen vom Dach der Fassade und weist den Weg zum gleich unterhalb platzierten Maskottchen **Rachel the Piggy Bank.** Nachdem man die schon fast blankgeputzte Nase gestreichelt hat, was Glück bringen soll, wartet gleich dahinter mit dem **Pike Place Fish** der meistbesuchte Stand des gesamten Marktkomplexes. Vielleicht sieht man auch, wie ein Königslachs durch die Luft geworfen wird.

Die Treppenstufen rechts hinter dem Stand führen zu den in den Stockwerken darunter angesiedelten individuellen Kunsthandwerksläden. In „Down Under“ wie die Katakomben inoffiziell heißen, könnte man Stunden verbringen, doch das sparen wir uns für die Zeit nach dem Rundgang.

Zurück auf dem Vorplatz des Markts, begeben wir uns in die nach links abgehende Lower Post Alley. Nachdem man diese kleine Gasse nur wenige Meter entlanggegangen ist, steht man vor einer der wohl skurrilsten „Sehenswürdigkeiten“. Bei der sogenannten **Gum Wall** handelt es sich um mit Tausenden von bunten Kaugummis gepflasterte Wände. Ob man diese „Installation“ nun widerlich oder „cool“ findet, bleibt dem individuellen Geschmack des Betrachters überlassen. Auf jeden Fall scheint sie die Besucher zum Mitmachen anzuregen, werden hier doch täglich unzählige Kaugummis auf die bereits bestehende zentimeterdicke Schicht aufgetragen.

Wieder zurück auf dem Vorplatz des Markts gehen wir entlang der 1st Avenue, vorbei am Corner Market Building mit seinen großen Bogenfenstern zum **Sanitary Building.** Das nur drei Jahre nach der Eröffnung des Markts gebaute Backsteingebäude beherbergt eine Reihe von Spezialitätenläden und kleinen Lokalen.

Ein schöner Blick auf den Pike Market mit dem sich dahinter ausbreitenden Puget Sound bietet sich von der Pine Street. Das hier ansässige Hotel **Inn at the Market** (s. S. 124) hat gleich mehrere Restaurants zu bieten. Begibt man sich von hier nach Süden und biegt nach links in

[^] Rachel - Seattles überdimensionales Sparschwein

[>] Der Stand der „Fishmongers“ ist der meistbesuchte Ort des Markts

die Post Alley ab, fällt sofort die dort fast immer anzutreffende Menschenschlange auf. Man wartet geduldig, um sich beim **Pike Place Chowder** (s. S. 67) an den dort seit Jahrzehnten zubereiteten, preisgekrönten Variationen der **Fischsuppen** zu laben. Alternativ kann man auch die köstlichen Kreationen von **Beachers,** einem **Käsespezialisten** an der Ecke von Pine Street und Pike Place, genießen. Gleich gegenüber bieten die Bauern des Umlandes unter den entlang des Hauptgebäudes aufgestellten Zeltdächern von April bis Oktober ihre frisch geerntete Ware an.

Kein anderer Ort im Pike Place zieht jedoch so viele Besucher an wie ein an sich recht unscheinbarer Kaffeeladen im Soames-Dunn Building. Wenn man weiß, dass es sich hierbei um den ältesten, noch in Betrieb befindlichen Laden der inzwischen den Weltmarkt beherrschenden Kette **Starbucks** handelt, versteht man die nicht enden wollende Schlange der ihre „Selfies" schießenden Kunden aus aller Welt. Die allermeisten wissen allerdings nicht, dass die hier im Jahr 1976 eröffnete Starbucks-Filiale ursprünglich an einem anderen Ort ganz in der Nähe stand.

Nur etwas weiter Richtung Norden haben auf der gegenüberliegenden Seite der Pike Place Street die **lokalen Kunsthandwerker** ihre mobilen Stände aufgeschlagen. Wer hier eines der kunstvoll und individuell hergestellten Mitbringsel erwirbt, unterstützt lokale Kunsthandwerker, anstatt austauschbare Massensouvenirs zu erstehen.

Über die Desimone Bridge gelangt man zu dem erst vor ein paar Jahren fertiggestellten modernen Erweiterungsbau des Pike Place Market. An dessen Eingang steht auf der rechten Seite mit **Billie the Piggy Bank** sozusagen der kleine Bruder des originalen Glücksschweins am Haupteingang. Von hier sind es nur ein paar Schritte zur zum Teil überdachten Aussichtsplattform mit großartiger Aussicht auf den Puget Sound.

› 1st Ave./Pike St., Tel. 6827453, www.pikeplacemarket.org, geöffnet: tägl. 7–18 Uhr, Restaurants zum Teil bis 24 Uhr

022se-tb

The Gum Wall

Am Anfang stand (im wahrsten Sinne des Wortes) ein genervter Theatergänger. Aus lauter Langeweile klebte er im Jahr ***1993*** *beim Anstehen für das hier angesiedelte Kleinkunsttheater sein Kaugummi an eine Backsteinmauer gleich neben ihm. Es dauerte nicht lange, bis es ihm andere nachmachten, wodurch das Einzelstück zu einem erklecklichen Kaugummiklecks an der Wand anschwoll. Mehr als eine lokale Kuriosität war es dennoch nicht, zumal die Theaterangestellten die ebenso bunte wie eklige Kuriosität mehrfach abkratzten.*

Letztlich waren die Ausdauer und die Kreativität der inzwischen gar nicht mehr gelangweilten Theatergänger jedoch lang(k)lebiger. Nachdem immer mehr Menschen immer kreativere Kreationen ihrer Kaugummikünste an der Wand anbrachten, gaben die Offiziellen schließlich klein bei und ließen die inzwischen zu einer Touristenattraktion herangewachsenen ***Kunstkreation*** *bestehen. Seither ist aus einem winzigen Kaugummiklecks eine mit Tausenden von bunten Kaugummis bedeckte Fläche von mehreren Backsteinwänden in der South Little Alley geworden. Das Ganze hat im Laufe der Jahre einen solchen Kultstatus erlangt, dass nicht nur täglich Tausende von Besuchern hierher pilgern, sondern die Gum Wall auch als Kulisse in diversen Hollywood-Filmen gedient hat.*

Da die Unmengen des im Kaugummi enthaltenen Zuckers die Struktur der Gebäude zunehmend bedrohte, sah sich die für die Erhaltung des Pike Place zuständige Behörde im November 2015 zu einer „Großreinemach-Aktion" gezwungen. Bei der folgenden Freilegung wurde über eine Tonne Kaugummi von den Wänden geschrubbt. Dass es sich bei der Gum Wall um mehr als nur eine „eklige Kaugummiattacke" handelt, offenbarten die ersten neuen Kreationen. Auf ihnen hatten die Besucher ihren „Chewing Gums" bewegende Beileidsbekundungen für die im gleichen Monat bei den terroristischen Attentaten in Paris ums Leben gekommenen Menschen „angehängt".

024se-tb

⑩ Seattle Aquarium ★ [C6]

Das in unmittelbarer Nähe zum Pike Place Market ⑨, direkt am Rande des Puget Sound gelegene Aquarium wurde 1977 eröffnet und zählt jedes Jahr etwa 800.000 Gäste. In insgesamt acht Ausstellungsbecken wird die **artenreiche Unterwasserwelt des pazifischen Nordwestens** vorgestellt.

Im **Window on Washington Waters,** einem 450.000 Liter fassenden Wasserbecken, welches 2007 im Rahmen von Erweiterungsarbeiten hinzugefügt wurde, erhält man einen lebendigen Einblick in die vielfältige maritime Welt vor der Küste des Staates Washington. Besonders beliebt sind die hier mehrfach am Tag stattfindenden **Tauchshows,** bei denen vor den Augen der Besucher unter anderem die Fische gefüttert werden.

Wesentlich kleiner im Umfang doch ebenso faszinierend ist die im **Pacific Coral Reef** zu besichtigende, äußerst farbenfrohe Fischwelt der Korallenriffe und eine der populärsten Abteilungen – nicht nur bei Kindern – ist **Marine Mamals** mit seinen niedlichen Fischottern und Seehunden. Für ein Aquarium eher ungewöhnlich ist der Bereich **Birds and Shores.** Hier wird die artenreiche Vogelwelt des Nordwestens vorgestellt wird.

Speziell während der häufigen Regentage ist das Aquarium für Familien ein attraktiver Besichtigungspunkt. Man sollte jedoch bedenken, dass der 1977 errichtete Bau wegen seiner vergleichsweise geringen Größe und seiner nicht mehr zeitgemäßen Didaktik nicht mit anderen Aquarien in den USA und Europa mithalten kann.

› 1483 Alaskan Hwy, Tel. 3864300, www.seattleaquarium.org, geöffnet: tgl. 9.30–17 Uhr, Eintritt: Erw. $ 34,95, bis 13 Jahre $ 24,95, bis 3 Jahre frei

⑪ Seattle Waterfront ★ [C6]

Wie viele bekannte Metropolen wurde auch Seattle am Wasser gegründet, in diesem Fall am Puget Sound. Diesen „Standortvorteil" haben sich viele Städte zu Nutzen gemacht, indem sie ihre Waterfront mit verkehrsberuhigten Promenadenwegen, architektonisch attraktiven Gebäuden und öffentlichen Parks zu den beliebtesten Freizeitoasen ihrer Bürger umgestaltet haben. Klassische Beispiele hierfür sind unter anderem Sydney, Singapur, Dubai und (quasi um die Ecke von Seattle) Vancouver.

Zwar hat man in den letzten Jahren mit der Anlage des Olympic Sculpture Park ⑦ und dem Bau des Great Wheel ⑫ erste Schritte in diese Richtung unternommen, doch insgesamt macht die vornehmlich kommerziell genutzte, ca. 2 km lange Waterfront zwischen Pier 50 und Pier 70 einen wenig einladenden Eindruck. Zum Unverständnis jedes modernen Städteplaners wurde dieses quasi naturgegebene Geschenk Mitte der 1950er-Jahre mit dem Bau des Alaska Highway und des Highway 99 von der Innenstadt abgetrennt.

All das soll sich nun aber ändern. Im Jahr 2018 wurde vom Stadtrat nach jahrzehntelangen Verzögerungen endlich das sogenannte Waterfront Seattle Program verabschiedet. Hinter diesem Begriff verbirgt sich ein **Milliarden Dollar teures Stadterneuerungsprojekt,** in dessen Mittelpunkt die **völlige Neugestaltung der Uferpromenade** steht.

Anfang 2019 wurde die Untertunnelung der Uferstraße fertiggestellt. Unmittelbar danach ging es an den Abriss der hässlichen Hochstraße, die für über 50 Jahre das Stadtbild verschandelt hatte. An ihrer Stelle werden die in den nächsten Jahren entstehenden öffentlichen Parks, Versammlungsplätze, Veranstaltungsorte, eine Fußgängerpromenade mit Aussichtsplattformen und Fahrradwege die Schokoladenseite Seattles zu dem machen, was sie eigentlich immer sein sollte: ein urbaner Sammlungspunkt für alle Bevölkerungsgruppen. Die Expansion des Pike Place Market war bereits ein erster Schritt in diese Richtung.

Nun scheint man all die verlorenen Jahre mit einem umso ambitionierteren Zeitplan wieder gutmachen zu wollen. Werden die Pläne umgesetzt, soll das Projekt mit all seinen Bestandteilen bereits im Jahre 2022 zum Abschluss kommen.

⓬ Seattle Great Wheel ★★ [C6]

Manchmal bedarf es nicht viel, um eine Attraktion zu sein. Eine gute Lage und überdimensionale Größe können schon reichen, um jedes Jahr Tausende von Besuchern anzuziehen. So gibt es denn kaum einen Bildband über Seattle, in dem das Great Wheel nicht auftaucht. Kein Wunder, wurde das 2012 eröffnete Riesenrad doch **sehr fotogen beim Pier 55** an der Elliott Bay, nur ein paar Gehminuten vom Pike Place, errichtet. Die insgesamt **42 gläsernen Gondeln** tragen einen auf eine Höhe von 53 Metern. In dieser luftigen Höhe bietet sich in der Tat eine großartige Aussicht auf Seattle und das Umland. Falls man bei der ersten Umdrehung vergessen hat zu fotografieren, besteht kein Grund zur Panik. Während der insgesamt 14-minütigen Fahrt werden drei Umdrehungen vollführt. Noch spektakulärer wird es nach Sonnenuntergang, wenn die Gondeln im Licht von Hunderten von Glühbirnen erstrahlen – kitschig-schön.

› 1301 Alaskan Way, Tel. 6238607, www.seattlegreatwheel.com, geöffnet: Sommer So–Do 10–23, Fr/Sa 10–24, Herbst/Winter Mo–Do 11–10, Fr 11–24, Sa 10–24, So 10–22 Uhr, Eintritt: Erw. $ 15, ab 65 Jahre $ 13, 3–11 Jahre $ 10

⓭ Seattle Art Museum (SAM) ★★★ [D6]

Seattles bedeutendstes Museum, mitten in der Innenstadt gelegen, bietet eine große Auswahl an Ausstellungsobjekten mit Schwerpunkt auf der Kulturszene des pazifischen Nordwestens.

Nicht nur weil es mitten im Zentrum von Downtown steht, sondern vor allem wegen der fast 15 Meter hohen Stahlskulptur des **„Hammering Man"** am Eingang gehört das Seattle Art Museum zu einem der auffälligsten Gebäude der Stadt. Etwa dreimal pro Minute schwingt der fast 10 Tonnen

025se-vs©Howard Frisk Photography

◁ Riesenrad an der Waterfront – das Seattle Great Wheel

schwere Koloss seinen Hammer und soll damit an die aufopferungsvolle Arbeit der Frauen und Männer der Arbeiterklasse während der Zeit der Industrialisierung erinnern.

Das prestigeträchtige Museum verfügt über eine große Spannbreite an Ausstellungsobjekten. Sie reicht von **afrikanischen Masken** über **asiatische Kultgegenstände** bis zu **Totempfählen** aus dem Nordwesten Nordamerikas. Hinzukommen hochinteressante **Wechselausstellungen** aus der ganzen Welt.

Sehr empfehlenswert und zudem kostenlos sind auch die zahlreichen, unter verschiedenen Themen stehenden geführten Touren. Der hauseigene Museumsshop ist eine Fundgrube für anspruchsvolle Bücher, Collagen, Kunst der Westküstenindianer und Fotobände. Wer sich zwischendurch bei einem Getränk oder Gericht vom Museumsbesuch erholen möchte, kann dies im ausgezeichneten hauseigenen Restaurant Taste tun.

› 1300 1st Ave., www.seattleartmuseum.org, geöffnet: Mi, Fr–So 10–17, Do 10–21 Uhr, Eintrittspreise variieren je nach Ausstellung (Erw. ca. $ 20–30, Details s. Website)

14 Seattle Central Library ★★ [E6]

„A Celebration of Books" sollte sie werden, die 2004 eröffnete Zentralbibliothek von Seattle, doch entstanden ist außerdem **eines der beeindruckendsten Gebäude der Stadt.** Beim Anblick des wie von einem Spinnennetz überzogenen, im Stil des Dekonstruktivismus errichteten Glasbaus kann man sich kaum seiner Anziehungskraft entziehen.

Die 11-stöckige Bibliothek, die von den Architekten Rem Koolhaas und Joshua Prince-Ramus realisiert wurde, verfügt über einen Bestand von ca. 1,5 Mio. Medien. Mit ihrer lichtdurchfluteten, innovativen Architektur will sie die Menschen im Zeitalter der Digitalisierung zur Reise in die Welt der Bücher einladen. Man sollte diese Einladung annehmen, hält der Bau doch im Inneren, was er von außen verspricht, z. B. mit der sich über vier Stockwerke erstreckenden **Book Spiral.** Dabei handelt es sich um eine ununterbrochene Spirale von Bücherregalen, welche die gesamte Sammlung von Dokumentarbüchern enthält.

026se-tb

Der übersimensionale „Hammering Man" vor dem Seattle Art Museum

Wie die Zahl von 1½ Mio. Besuchern pro Jahr beweist, hat sich die Bibliothek zu einem Publikumsmagneten entwickelt. Bei der Suche nach Büchern helfen 400 frei zur Verfügung stehenden Computer. Wer das gesuchte Werk in Händen hält, kann sich unter anderem in den ebenso gemütlich wie modern gestalteten „Living Room“ im dritten Stock zum Lesen zurückziehen.

Es empfiehlt sich, zunächst mit dem Aufzug in den obersten Stock zu fahren, um von dort die Aussicht hinunter in die Lobby zu genießen. Danach kann man sich mit diversen Zwischenstopps entlang der Rampe wieder nach unten begeben.

› 1000 Fourth Ave., Tel. 3864636, www.spl.org, geöffnet: Mo–Do 10–20, Fr–So 20–18 Uhr, Eintritt: frei

15 Columbia Center ★ [E6]

Obwohl seit seiner Eröffnung im Jahr 1985 über drei Jahrzehnte vergangen sind, wirkt das 284 m aufragende **Bürohochhaus** mit seiner eleganten, ganz in schwarz gehaltenen Fassade immer noch mächtig und elegant. Erbauen ließ es der in Deutschland geborene Jude Martin Selig, einer der größten Bauunternehmer Seattles.

Wer die Aussicht vom Observation Deck genießen will, nimmt zunächst den Aufzug in den 40. Stock, wo einen – wie sollte es in Seattle auch anders sein – ein Starbucks-Café erwartet. Von dort geht es mittels eines weiteren Aufzugs in den 73. Stock, von wo sich eine großartige Aussicht über die Stadt und die Umgebung bietet. Der große Vorteil gegenüber der viel populäreren Space Needle 2? Das Observation Deck ist nicht nur höher und der Eintritt günstiger, sondern man sieht von auch die meistfotografierte Sehenswürdigkeit der Stadt – die Space Needle.

› 701 5th Ave., Tel. 3865564, www.skyviewobservatory.com, geöffnet: Sommer tägl. 10–22, Winter tägl. 11–19 Uhr, letzter Einlass jeweils eine Stunde vor Schließung, Eintritt: Erw. $ 20, ab 65 Jahre $ 17, 5–13 Jahre $ 14

16 Pioneer Square ★★★ [E7]

Kopfsteingepflasterte Straßen und Plätze, efeuumrankte Häuserfassaden, mittelalterlich anmutende Backsteinbauten, in denen Szenelokale, Cafés und Secondhandbuchläden angesiedelt sind und verkehrsberuhigte Orte zum Verweilen – nirgendwo wirkt Seattle so romantisch-europäisch wie im Stadtteil Pioneer Square am östlichen Rand der Innenstadt.

Das europäische Flair ist nicht verwunderlich, liegen hier doch in der Tat die **Wurzeln der europäischen Besiedlung** vor gut 150 Jahren. Gleichzeitig zeigt die Keimzelle Seattles die für die Stadt so charakteristischen Widersprüche: Hier drängt sich alles zusammen, Backsteinhäuserruinen und Stadionneubauten, Brachen und Großbaustellen, Obdachlosenlager und Szenerestaurants sowie ehrwürdige Plätze mit Efeufassaden und Platanenreihen. Im Szenelokal kostet das Glas Wein zwölf Dollar, während nur wenige Meter entfernt der komplette Hausstand im Einkaufswagen eines Bettlers noch nicht einmal einen Zehner einbringen würde.

Bis Anfang der 1960er-Jahre bildete das Viertel das kommerzielle und kulturelle Zentrum von Seattle, doch dann begann die Innenstadt nach der Weltausstellung sich weiter Richtung Norden zu verlagern. Durch den damit einhergehenden Abzug von Geschäften und Büros standen viele Gebäude leer und das historische Seattle verwahrloste nicht nur, sondern stand kurz davor, abgerissen und durch neue, gesichtslose Neubauten ersetzt zu werden.

Als ein Gebäude „der ersten Stunde" wurde das an der Ecke James Street/Yesler Way gelegene Seattle Hotel Opfer der Abrissbirne. Dieses im Jahr 1890 fertiggestellte fünfstöckige, wegen seines signifikanten Grundrisses auch Bügeleisenhaus genannte Hotel wurde durch das ebenso kuriose wie hässliche **Sinking Ship** ersetzt. Das Parkhaus, das scheinbar im Boden versinkt, gilt bei den Einheimischen heute als von bösen Geistern bewohnt.

Aufgeschreckt durch den plötzlich sehr real werdenden Verlust der historischen Altstadt formte sich eine **Bürgerkoalition** aus Architekten, Professoren und Historikern, die es sich zur Aufgabe machte, das historische Erbe zu bewahren. Sie war glücklicherweise erfolgreich und so konnten die historischen Gebäude um den Pioneer Square Park und damit das kulturell bedeutendste Viertel Seattles erhalten bleiben. Im Jahr 1977 wurde der Platz mit den ihn umgebenden Bauten schließlich unter Denkmalschutz gestellt.

Eines der beeindruckendsten Gebäude in diesem geschützten Ensemble ist das **Pioneer Building.** Der fünfstöckige Backsteinbau mit seiner markanten, von Efeu umrankten Fassade war eines der ersten nach dem großen Feuer von 1889 errichteten Gebäude. Unmittelbar davor, mitten auf dem Pioneer Square Park platziert, steht die kleine **Büste des Häuptlings Sealth,** die häufig übersehen wird. Dabei gehörte er Mitte des 19. Jahrhunderts nicht nur zu den bedeutendsten Häuptlingen des amerikanischen Nordwestens, sondern war auch der Namensgeber der Stadt.

Bei den zwei auf dem Platz stehenden **Totempfählen** (s. S. 62) handelt es sich um das Replikat zweier von den Indianern gestohlener Kultobjekte. Im September 1899 bereiste eine Gruppe von Geschäftsleuten und Künstlern aus Seattle mit einem Dampfschiff den Nordwesten der USA, um zu erkunden, ob zwischen Alaska und Seattle neue Geschäftsmöglichkeiten erschlossen werden konnten. Bei einem Halt bei Fort Tongass entschlossen sich ein paar Matrosen des Dampfschiffes zum Land-

027se-vs©Alabastro Photography

Die Totempfähle am Pioneer Square sind beeindruckende Zeugen der Kunst der Westküstenindianer

gang. In klassischer Kolonialmanier suchten sie sich den ihrer Meinung nach schönsten Totempfahl aus, sägten ihn wegen des Gewichts in der Mitte durch und schleppten die beiden Teile an Bord.

Die Expeditionsmitglieder schenkten den Totempfahl der Stadt Seattle, wo er am 18. Oktober 1899 am Pioneer Square aufgerichtet wurde. Während der Feier prophezeiten die Politiker, dass er sich zu einem Symbol für die Größe Seattles entwickeln werde. Von Diebstahl oder zumindest „schlechtem Gewissen" war natürlich nicht die Rede.

1938 wurde den Totempfahl in Brand gesetzt und nahm dadurch irreparablen Schaden. Da es in Seattle keinen Handwerker gab, der dafür ausgebildet war, ihn zu reparieren, beauftragten die Vertreter der Stadt

Bill Speidel's Underground Tour

Wer den Ursprüngen der Geschichte von Seattle auf den Grund gehen will, muss in den Untergrund gehen. Das ist nicht nur ein nettes Wortspiel, sondern Realität, denn bevor Seattle nach dem großen Feuer von 1889 wiederaufgebaut wurde, befand sich die Stadt etwa drei bis sieben Meter tiefer.

Bereits vor dem Brand war Seattle in einem bedauernswerten Zustand. Da die Holzfällerstadt auf Meereshöhe und zudem auf sumpfigem Untergrund erbaut wurde, gehörten Überschwemmungen zur Tagesordnung. Bei Hochwasser überlaufende Toiletten, Rattenplagen und im Sumpf steckenbleibende Fuhrwerke waren nur einige der zahlreichen Folgen.

Nach dem Brand entschied sich die Stadtverwaltung zu einer ***radikalen Lösung*** *und ließ die Straßen um mehrere Meter erhöhen. Die Bordsteine wurden nach unten mit Mauern verstärkt und die Zwischenräume mit Steinen, Sand, Holz (und toten Pferden) gefüllt. Schließlich wurde aus der Not eine Tugend, da die Geschäftshäuser nun aus Backstein und nicht mehr aus Holz errichtet wurden und so wesentlich weniger anfällig gegen Überschwemmungen und Brände waren.*

Das hielt die Einheimischen jedoch nicht davon ab, in der nun scheinbar verwaisten ***„Unterstadt"*** *weiterhin Profite zu machen. Findige Geschäftsleute installierten Lichtschächte zur Beleuchtung und elaborierte, hölzerne Bürgersteige, um Kunden anzulocken. Tatsächlich florierte hier das Geschäft bis ins Jahr 1907, als die Stadtverwaltung die gesamte Unterstadt aus der Angst vor einer von hier ausgehenden Pest für illegal erklärte. Doch selbst das bedeutete nicht das Ende, sondern war der Beginn illegaler Geschäfte wie Glücksspiel, Opium und Prostitution. Erst ab dem Zweiten Weltkrieg fand das illegale Treiben ein Ende und die Unterwelt geriet mehr und mehr in Vergessenheit.*

Erst der Historiker und Journalist Bill Speidel machte sich Anfang der 1960er-Jahre wieder auf die Suche nach der nun in Vergessenheit geratenen Unterstadt. Als eine seiner Leserinnen 1964 ihr Interesse an der mysteriösen Vergangenheit Seattles kundtat und bei Speidel um die Möglichkeit einer Begehung der Katakomben nachfragte, bot er ihr ein Treffen am Pioneer Place am nächsten Tag an. Sie erschien tatsächlich zum vereinbarten

einen berühmten Holzschnitzer jenes Tlingit-Volkes, dem der Totempfahl ursprünglich entwendet wurde mit dem Neubau. Am 24. Juli 1940 wurde der Totempfahl am Pioneer Square wiedererrichtet. Dieses Mal jedoch mit Genehmigung der Ureinwohner.

Am gemütlichsten und authentischsten lässt sich das Viertel entlang des gänzlich verkehrsberuhigten **Occidental Square** [E7] erleben. Der von einem Mahnmal für vier im Jahr 1995 ums Leben gekommene Feuerwehrleute und mehreren Totempfählen bestandene Platz lädt mit seinen Galerien, Restaurants, Cafés, individuellen Geschäften und Schatten spendenden Bäumen zum Verweilen ein.

Wer es noch etwas „verwunschener" mag, sollte sich ein Päuschen im **Waterfall Garden Park** (s. S. 86) an der Ecke von South Main Street und Second Avenue gönnen. Wie es der Name schon vermuten lässt, bestimmt ein kleiner, künstlicher Wasserfall die Szenerie.

*Termin – und mit ihr 300 weitere Interessierte. Dies war der Beginn der seither nach dem Begründer benannten **Bill Speidel's Underground Tour.***

Die etwa einstündige Tour hat sich in den letzten Jahren zu einer der populärsten Touristenattraktionen der Stadt entwickelt. Nach einer ca. 15-minütigen Einführung in die historischen Hintergründe geht es hinab in die Katakomben. Dabei bedarf es einer guten Portion Fantasie, ist doch ein Großteil der interessanten Einzelobjekte inzwischen in Museen zu finden. Stattdessen lauscht man mit den anderen Teilnehmern in mit Spinnweben „eingerahmten" Kellergewölben den unterhaltsamen Ausführungen und Anekdoten der jeweiligen Guides. Eine gute Unterhaltung ist es dennoch und wann bekommt man mal eine Stadt unter der Stadt geboten? Ganz nordamerikanisch endet die Führung selbstverständlich in einem Souvenirladen.

› *614 1st Ave., Tel. 6824646, www.undergroundtour.com, Touren zu jeder vollen Stunde, April–Sept. 9–19, Okt.–März 10–18 Uhr, Eintritt: Erw. $ 22, ab 60 Jahre und Schüler (13–17 Jahre mit Schülerausweis) $ 20, 7–12 Jahre $ 10*

17 Smith Tower ★★ [E7]

Sieht man vom Pioneer Square Park über die Yesler Street Richtung Osten, ragt hinter dem wie ein sinkendes Schiff im Erdboden verschwindenden Parkhaus der noch heute elegante Smith Tower in die Höhe. Nach seiner Eröffnung im Jahre 1918 war das **neoklassizistische Gebäude** mit seinen 149 m der höchste Bau westlich von Chicago. Inzwischen hat das 42-stöckige Gebäude seine herausragende Stellung längst eingebüßt, ist er doch selbst in Seattle nur noch einer von vielen Skyscrapern. Von der nach wie vor sehr eindrucksvollen **Beaux-Arts-Lobby** fährt der Aufzug zum 35. Stockwerk, von wo man einen schönen Blick über die Innenstadt hat. Zudem gibt es eine **Ausstellung zu Seattle zur Zeit der Prohibition** und des technologischen Wandels.

› 506 2nd Ave., Tel. 6224004, www.smithtower.com, Eintritt: 11–18 Uhr Erw. $ 20/16 (älter als 65, 6–12), 18–21 Uhr $ 22/18, ab 21 Uhr „Straight Up By Night" $ 14, geöffnet: Observatory So–Mi 11–23, Do–Sa 11–24 Uhr, The Legends of Smith Tower Experience tgl. 11–21 Uhr.

Seattles goldene Chance – der Klondike Gold Rush

„Gold, Gold, Gold“ - wie ein Schlachtruf aus Tausenden von Kehlen waren diese Worte durch die noch recht spärlich bebauten Gassen von Seattle zu hören. Es war der 17. Juli 1897, der seither zu den einschneidendsten Geschichtsdaten der Stadt zählt.

Was war passiert? Ziemlich genau ein Jahr zuvor fanden drei Grubenarbeiter rein zufällig am Klondike-Fluss im Yukon große Mengen von Gold. Vor den Tagen von Radio, Fernsehen und Internet verging fast ein Jahr, bis sich die Kunde vom weitab jeglicher Zivilisation befindlichen Klondike verbreitet hatte. Am 17. Juli 1897 erreichte Seattle schließlich die Nachricht, dass zwei Tage später die ersten Goldsucher mit über einer Tonne Gold in den Hafen von Seattle einlaufen würden. Als die SS Portland mit 68 „stampeders“ (Goldsuchern) ankerte, warteten mehr als 5000 Menschen am Ufer, um einen Blick auf das Gold zu werfen. Die von den Zeitungen in Windeseile im Land verbreitete Nachricht versetzte die Stadt innerhalb weniger Tage in ein Goldfieber.

028se-as©Mary Evans Picture Library 2017 - stock.adobe.com

Zigtausende meist junge Leute aus aller Welt pilgerten per Schiff und Eisenbahn in die Stadt im äußersten Nordwesten der USA, um von hier den langen Weg in den hohen Norden des nordamerikanischen Kontinents anzutreten. Doch zuvor mussten sie sich die für die beschwerliche Reise notwendige Ausrüstung zulegen. Clevere Geschäftsleute ergriffen die sich damit auftuende Gelegenheit, ein Vermögen an denen zu verdienen, die in der Hoffnung auf ein Vermögen in die Stadt gekommen waren. Dem Lockruf des Geldes konnte sich selbst William D. Wood, der Bürgermeister von Seattle, nicht entziehen. Er trat zurück und gründete die Seattle and Yukon Trading Company, die sich auf den Transport der Goldsucher zum Klondike spezialisierte.

Speziell im Bereich um den Pioneer Square entstanden innerhalb weniger Wochen Hunderte von Geschäften, die sich auf die Bedürfnisse der Goldsucher einstellten. Neben warmer, widerstandsfähiger Kleidung und lange haltbaren Lebensmitteln verkauften sie auch die benötigten Geräte wie Spitzhacke und Spaten. Üblicherweise gab jeder der von Seattle aufbrechenden Goldsucher allein $400 aus.

Der finanzielle Nutzen des Goldrausches ging jedoch weit darüber hinaus und erfasste fast alle Bereiche der lokalen Wirtschaft. Da die von Seattle Richtung Alaska abfahrenden Dampfschiffe bei Weitem nicht alle über Nacht angereisten Goldsucher auf-

◁ Der legendäre Klondike Gold Rush war eines der bedeutendsten Ereignisse in der Geschichte Seattles

nehmen konnten, wurde die Innenstadt für Tausende von ihnen temporäre Heimat, bis sie einen Platz ergattern konnten. Ein Segen nicht nur für Hoteliers, Saloon- und Bordellbesitzer sowie Lebensmittelgeschäfte, sondern auch für viele zwielichtige Gestalten, die es in die Boomstadt zog.

Während sich der vermeintliche Traum vom schnellen Reichtum für die große Mehrzahl der Glückssucher zum Albtraum entwickeln sollte, initiierte der Klondike Gold Rush für die Stadt einen lange anhaltenden wirtschaftlichen Aufschwung. Von den wenigen der am Klondike reich gewordenen Goldsucher investierten viele ihre Gewinne in die lokale Wirtschaft, indem sie neue Hotels, Restaurants, Geschäfte und Kleinbetriebe eröffneten. Das bekannteste Beispiel war John Nordstrom, der die für damalige Verhältnisse hohe Summe von $ 13.000 in ein Schuhgeschäft investierte. Das daraus hervorgegangene Nordstrom-Imperium gehört heute zu einem der führenden Warenhausketten in Nordamerika.

Doch selbst von der großen Masse der Menschen, die enttäuscht und verarmt vom Klondike zurückkehrten, machten viele Seattle zu ihrer neuen Heimat. So verdreifachte sich die Einwohnerzahl von Mitte der 1890er-Jahre bis zum Jahr 1910 auf 240.000 Einwohner und das Stadtgebiet wuchs weit über die Grenzen der ursprünglichen Altstadt um den Pioneer Square hinaus.

Die Tatsache, dass Seattle heute unumstritten die bedeutendste Stadt im Nordwesten der USA ist, geht im Kern auf die Tage des Goldrausches Ende des 19. Jh. zurück.

18 Klondike Gold Rush National Historical Park ★★★ [E7]

Dieses informative Museum am Rande des Pioneer Square District beschäftigt sich mit dem Goldrausch Ende des 19. Jh., der eng mit der Geschichte Seattles verknüpft ist.

Es ist zwar nicht das bekannteste Museum Seattles und befindet sich auch nicht mitten im Stadtzentrum, dennoch ist der Klondike Gold Rush NH Park unbedingt einen Besuch wert, denn mit dem **Klondike Gold Rush** thematisiert er das für die Geschichte Seattles bedeutendste historische Ereignis. Als im Jahr 1896 am Klondike River hoch im Norden des nordamerikanischen Kontinents das größte zusammenhängende Goldvorkommen in der Menschheitsgeschichte gefunden wurde, war dies gleichzeitig der Startschuss für den **phänomenalen Aufstieg Seattles.** Das zuvor rückständige Dorf wuchs als Dreh- und Angelpunkt des Goldrauschs in Windeseile zu einer stattlichen Stadt heran. Über hunderttausend Glücksuchende brachen von hier zum Klondike auf.

Im Museum wird man nicht abstrakt an das Thema Goldrausch herangeführt, sondern anhand von **fünf individuellen Schicksalen** und mithilfe von Videos, historischen Aufnahmen und Zeitungsausschnitten. Am Ende des ca. einstündigen Rundgangs kann man sich auf die Waage stellen, um zu ermitteln, wie viel man in Gold wert ist (jeweils entsprechend dem Goldpreis von damals und heute). Das Ganze ist ein höchst informativer Spaß, der zudem keinen Eintritt kostet. Das freundliche Personal steht für alle Fragen hilfreich zur Verfügung.

› 319 2nd Ave. S, Tel. 2204240, www.nps.gov/klse/index.htm, geöffnet: täglich 10–17 Uhr, Eintritt: frei

Seattles Neighborhoods

Die meisten Besucher verbringen ihre Zeit in der Innenstadt, befindet sich hier doch die Mehrzahl der Attraktionen und Einkaufsmöglichkeiten. Wer jedoch die **ethnische und kulturelle Vielfalt der Metropole** näher kennenlernen möchte, sollte zumindest auch einige der rund um die Innenstadt gelegenen Stadtteile erkunden.

⑲ Capitol Hill ★★★ [F4]

Beste Lage auf einem Hügel mit großartiger Aussicht auf die Innenstadt und doch in Gehdistanz zu ihr, Sexshops neben Designerläden, Zebrastreifen in Regenbogenfarben, organische Supermärkte neben Yogastudios – Capitol Hill ist das alternativste Stadtviertel von Seattle.

Die **Oase der Gegenkultur**, Heimat der LGBT-Gemeinde und ehemaliger Rückzugsort der vom Turbokapitalismus Verschreckten, hat sich allerdings in den letzten 10 Jahren auch zu einem der **attraktivsten Wohnviertel** Seattles entwickelt, und so ist der freie Geist des Nonkonformismus in Gefahr, weil Seattle von seinem eigenen Erfolg überrollt wird.

Block für Block wird das Viertel von den hochbezahlten Angestelltenarmeen „gekapert", die in aberwitzig teure Neubauten einziehen und Capitol Hill zunehmend unter dem Damoklesschwert der Gentrifizierung stehen lassen. Allerdings ist das nur ein besonders auffälliges Beispiel für die ganz Seattle täglich verändernde Entwicklung. Noch aber hält sich hier wacker ein „San Francisco en miniature".

Nicht zuletzt durch den Zustrom von „Neureichen" hat sich Capitol Hill auch zu einem Zentrum für Gourmetrestaurants und teure Designershops entwickelt. Als traditionelles Zentrum der Alternativkultur bietet das Viertel zudem eine Reihe von alteingesessenen Konzerthallen, in denen fast jeden Abend bekannte Bands auftreten.

E Pine St., E Pike St. und E Olive Way durchziehen das Stadtviertel von der Innenstadt Richtung Osten. Entlang dieser Straßen befinden sich mit dem **Starbucks Reserve Roastery** (s. S. 73), dem **Kedai Makan** (s. S. 70) und dem **Redhook Brewlab** (s. S. 77) drei der bekanntesten Lokale des Viertels. Alle drei Straßen führen zum Broadway, der inoffiziellen Hauptstraße von Capitol Hill. In der Nähe der Ecke Broadway und E Pine St. [F4] wurde dem wohl bekanntesten Sohn der Stadt ein Denkmal

029se-tb

030se-tb

gesetzt. Die **Jimi-Hendrix-Bronzestatue** verewigt den Rockstar in seiner klassischen Haltung auf den Knien mit seiner berühmten Fender Stratocaster um den Hals. Noch heute, fast 50 Jahre nach seinem Tod, pilgern seine Verehrer zu der Statue und hinterlassen ein klassisches Objekt der Hippiebewegung – einen Joint.

Wer es gemütlicher mag, schlendert durch die von viktorianischen Villen und modernen Glas- und Stahlbauten geprägten Wohnviertel bis zum **Volunteer Park** [G1]. Der Stadtpark wurde Anfang des 20. Jahrhunderts von den berühmten Olmsted-Brüdern gestaltet. Die Gartenarchitekten waren unter anderem auch für die Gestaltung des Central Park in New York verantwortlich. Neben Wanderwegen, Spiel- und Picknickplätzen sowie Blumenbeeten finden sich in den weitläufigen Parkanlagen auch mehrere tropische Gewächshäuser, das **Asian Art Museum** (s. S. 58) und ein Wasserturm, von dessen Aussichtsplattform man eine gute Aussicht auf Seattle hat.

› Vom Westlake Center (s. S. 81) erreicht man Capitol Hill zu Fuß innerhalb von 10 Minuten über die E Pike St. (allerdings bergauf) oder innerhalb von 3 Minuten mit der Straßenbahn Light Rail.

Individuelle Geschäfte prägen die Straßen im Stadtteil Capitol Hill

„Spritzige" Graffiti-Werbung in Capitol Hill

EXTRATIPP

Capitol Hill Block Party

Zu keinem Zeitpunkt ist Capitol Hill ⓳ so ausgelassen stolz auf sich wie während der jedes Jahr an einem Wochenende Mitte Juli stattfindenden Block Party (www.capitolhillblockparty.com). Tausende von Seattleites erfreuen sich während des dreitägigen Fests an unzähligen **Bands, Straßenkünstlern, Verkaufsbuden und Essensständen** und verwandeln die verkehrsberuhigten Straßen des Viertels in eine Partyzone.

EXTRATIPP

Dragonfest
Während dieses am letzten Samstag im Juni stattfindenden Festivals sind die Straßen von Chinatown gefüllt mit traditionell gekleideten Tanzgruppen, Bands und den köstlichen Gerüchen der Garküchen. Auf diversen Bühnen werden klassisch chinesische Vorführungen abgehalten (www.cidbia.org).

20 Chinatown-International District ★ [F8]

Das etwas umständlich Chinatown-International District genannte Stadtviertel, das unmittelbar östlich an den historischen Pioneer Square 16 angrenzt, ist eigentlich eher ein Konglomerat aus Chinatown, Japantown und Little Saigon. Hinzu kommen noch weitere asiatische Einflüsse, etwa aus Korea, den Philippinen und Taiwan. Auch wenn das Viertel Mitte des 19. Jh. von Chinesen gegründet wurde und ein großes chinesisches Eingangstor die Zufahrtsstraße schmückt, sollte man keine umtriebige, aus anderen Chinatowns wie in New York oder San Francisco bekannte Geschäftigkeit erwarten. Auf den Straßen geht es eher ruhig zu. Freunde asiatischer Küche sind hier jedoch genau richtig, hat man doch die Auswahl zwischen Köstlichkeiten wie chinesischen Dim Sum, japanischem Sushi, vietnamesischen Pho und indischen Curries. Einen interessanten Einblick in die Geschichte der asiatischen Einwanderer, die es in den Nordwesten der USA zog, bietet das **Wing Luke Museum** (s. S. 60).

› **Anfahrt:** Vom Westlake Center (s. S. 81) fahren Busse und die nahe Metro innerhalb weniger Minuten zur Union Station, von wo es nur wenige Hundert Meter zu Fuß sind.

21 Columbia City ★★ [di]

Das südöstlich der Innenstadt und südlich von Capitol Hill gelegene Columbia City ist das **ethnisch und sozial vielfältigste Viertel von Seattle.** Nach dem Ende des Zweiten Weltkrieges siedelten sich hier viele Afroamerikaner an und während der Zeit der Black-Power-Bewegung Mitte der 1960er-Jahre war Columbia City Schauplatz gewalttätiger Proteste gegen Rassismus. Ab den 1970er-Jahren verkam das Viertel immer mehr. Heruntergekommene Häuser, verschlossene Geschäfte und Drogenabhängige prägten das Bild, doch ab den 1980er-Jahren lockten die geringen Immobilienpreise immer mehr Intellektuelle, Künstler und die LGBT-Gemeinde an. Gleichzeitig eröffneten alternative Geschäfte, multiethnische Restaurants, Kneipen und Cafés.

Inzwischen ist Columbia City nach Capitol Hill **das angesagteste Viertel von Seattle** und so sind die Immobilienpreise in den letzten Jahren enorm gestiegen. Die allerorten stattfindende Gentrifizierung hat jedoch auch den positiven Nebeneffekt, dass zuvor verwahrloste, viktorianische Villen restauriert wurden. Erfreulicherweise hat man sich zudem bemüht, die soziale Vielschichtigkeit des Viertels zu bewahren, indem man eine Vielzahl von Sozialwohnungen schuf.

Das Zusammenspiel der für Columbia City so typischen ethnischen und kulturellen Vielfalt und des wirtschaftlichen Aufschwungs der letzten Jahre zeigt sich besonders eindrucksvoll beim Schlendern entlang der **Rainier Avenue.** Mit ihren Bars, Cafés, Kneipen, Restaurants, Kunstgalerien, Fitnessstudios, Kinos und zahlreichen Konzerthallen ist sie die In-Meile der Gegend. Mit dem **Beatwalk Festival,** bei dem zwischen Juni und September an jedem 2. Sonntag auf diversen Bühnen lokale Musiker auftreten, und dem von Mai bis Oktober jeden Sonntag zwischen 15 und 19 Uhr im Bereich der 37th Ave S und der S Edmunds St. abgehaltenen Farmers Market zieht das von Touristen nur selten besuchte Viertel auch viele Bewohner anderer Stadtteile an.

› **Anfahrt:** Mit der Light Rail vom Westlake Center (s. S. 81) zur Haltestelle Angle Lake

22 Queen Anne und South Lake Union ★★ [C2]

Ein Großteil der etwa 30.000 Einwohner des auf einem 140 m hohen Hügel nordwestlich der Innenstadt gelegenen Viertels **Queen Anne** hat europäische Wurzeln und ist wohlhabend. Aufgrund der erhöhten Lage und gleichzeitigen Nähe zur Innenstadt entwickelte sich das Viertel schon seit den Gründerzeiten Seattles zur **bevorzugten Wohngegend der Oberschicht.** Daran hat sich bis heute nichts geändert. Dementsprechend prägen viele Villen aus der viktorianischen Zeit die baumbestandenen Alleen.

Neben seinen ebenso guten wie teuren Restaurants ist das Viertel besonders für seine **Parks** bekannt. Am beliebtesten ist der **Kerry Park,** der (zumindest an Sonnentagen) eine wirklich großartige Aussicht auf die Innenstadt und die umliegende Landschaft bietet. Mit der nötigen Kondition kann man den Park auch über eine der für Queen Anne bekannten steilen Treppenaufgänge von der Innenstadt aus erreichen.

Der sich gleich östlich anschließende Stadtteil **South Lake Union** mit seiner attraktiven Lage am Südufer des Lake Union ist Heimat des neuerrichteten Amazon-Hauptsitzes und entwickelt sich zudem zu einem Zentrum für Biowissenschaft. Durch den Zuzug Tausender junger, gut bezahlter Mitarbeiter wandelt sich das ehemalige Arbeiterviertel rasant. Zwar finden sich noch einige historische Gebäude, doch das Stadtbild wird zunehmend von schicken Bürohochhäusern und Apartmentbauten bestimmt.

Mit dem ausgezeichneten **Museum of History & Industry** (s. S. 59) findet sich in diesem Stadtteil auch eines der informativsten Museen von Seattle. In den großen Räumlichkeiten wird ein hochinteressanter Einblick in die abwechslungsreiche Geschichte der Stadt gegeben.

› **Anfahrt:** Vom Westlake Center (s. S. 81) mit der Straßenbahn (Streetcar) zur Lake Union Park Station

23 Fremont ★★ [cf]

Etwas salopp formuliert könnte man sagen, dass das östlich von Ballard und nördlich von Queen Anne gelegene Fremont ein weiteres der zahlreichen „Möchte-Gern-Alternativ-Viertel“ von Seattle ist. Noch immer finden sich Aufkleber wie „The People's Republic of Fremont“ und auch eine Statue vom Urkommunisten Wladimir Lenin ist noch zu bestaunen, doch man sollte sich nicht täuschen lassen: Fremont ist heutzutage so wenig alternativ wie Seattle kommunistisch. Die Tage der linksliberalen Anti-Establishment-Identität sind längst vorbei und die ehemaligen „Vertreter des Proletariats“ leben heute in Multimillionen-Dollar-Häusern.

Dennoch kann man auch heute noch im Zuge eines kleinen Spaziergangs im südlichen Bereich des „Center of the Universe“, wie sich Fremont gern ironisch nennt, einen Eindruck

EXTRATIPP

Fremont Sunday Market

Ein weiterer Grund zum Besuch des Viertels ist der jeweils sonntags von 10 bis 14 Uhr stattfindende Fremont Sunday Market. **Galeristen, Künstler, Antiquitätenhändler** und vor allem die **Food Trucks** mit ihren köstlichen Leckereien ziehen speziell im Sommer Tausende von Besuchern an. Zudem bietet sich der am Kanal entlangführende **Burke-Gilman Trail** für Fahrradfahrer und Wanderer zu erholsamen Ausflügen an. Erfrischen kann man sich danach in den Kneipen und Cafés des Viertels.

10 [cf] **Fremont Sunday Market,** ganzjährig So 10–14 Uhr

vom speziellen Charakter des Viertels gewinnen. So hat Fremont zum Beispiel eine Reihe von **ungewöhnlichen bis skurrilen öffentlichen Kunstobjekten** zu bieten. Wie wäre es zum Beispiel mit der 17 m hohen **Fremont Rocket** an der Straßenkreuzung von Evanston Ave. N und 36st St.? Die seit 1993 auf einem Gebäude angebrachte Rakete ist ein echter Hingucker und stammt ursprünglich aus einem Armeelager in Belltown. Auf einer Seite ist das inoffizielle Motto von Fremont eingraviert: „De Libertas Quirkas", was so viel heißt wie „Freiheit für die Querdenker".

Ein weiteres Beispiel für die Freidenkermentalität von Fremont findet sich nicht weit von hier. Wer würde im erzkapitalistischen Seattle schon eine **Statue von Wladimir Lenin,** dem Urvater des Kommunismus erwarten? Doch genau die ist an der 36th Street beim Fremont Place North zu finden: Es handelt sich um eine mehr als fünf Meter hohe und sieben Tonnen schwere Bronzestatue, die wehenden Schrittes mitten ins Zentrum der Ikonen des amerikanischen Kapitalismus wie Amazon und Boeing zu marschieren scheint. Lewis Carpenter, ein Bürger der Stadt, der in der ehemaligen Tschechoslowakei Englisch gelehrt hatte, erwarb den Koloss, der 1988 kurz vor dem Zusammenbruch des Kommunismus hergestellt worden war. Wie sehr die Statue auch heute noch die Gemüter der Seattleites erhitzt, belegen die Blumen, mit welcher die Statue zuweilen bekränzt wird, bzw. die Farbkleckse, die sie zu anderen Zeiten verschandeln. Immer wieder gibt es Bürgerinitiativen, die den Abtransport der Statue fordern. Für den Fall, dass man Lenin von seiner emotionalen Achterbahnfahrt in Fremont befreien will, muss man nur etwas tiefer in die Tasche greifen. Offiziell steht die Statue nämlich zum Verkauf, nachdem der ursprüngliche Käufer schon unmittelbar nach der Ankunft der Statue verstarb. Derzeitiger Preis: $ 250.000 – das wäre doch mal ein außergewöhnliches Seattle-Mitbringsel.

Wer meint, dass damit der Schatz an Fremont-Kuriositäten erschöpft sei, sieht sich 200 m weiter, östlich der 36th Street, eines Besseren belehrt. Mitten unter der Aurora Bridge wartet auf der linken Seite der sechs Meter große **Fremont Troll** auf den entgeisterten Besucher. Der Riesenkobold aus Zement zerquetscht in seiner linken Hand einen VW Käfer, den er scheinbar gerade von der darüber verlaufenden Straße gestohlen hat. Wahrscheinlich war selbiger gerade auf dem Weg nach Süden, ist doch ein Nummernschild aus Kalifornien zu erkennen. Die 1990 im Rahmen eines städtischen Wettbewerbs zur Revitalisierung des zuvor als Drogenumschlagplatz genutzten Raums unter der Aurora Bridge als Sieger hervorgegangene Skulptur ist ein beliebtes Fotomotiv.

Vom Kobold weiter Richtung Süden und dann nach rechts entlang der N 34th Street finden sich weitere Beispiele der für Fremont so charakteristischen öffentlichen Kunstobjekte. Zunächst erreicht man zwei lebensgroße **Clowns**, die sich einhakend in entgegengesetzte Richtungen laufen. Dabei handelt es sich um eine Hommage an die beiden geliebten Clowns Chris Wedes und Bob Newman, die von Ende der 1950er- bis Anfang der 1980er-Jahre die Stars der überaus erfolgreichen lokalen Fernsehshow **J. P. Patches** waren.

Nur wenige Minuten weiter entlang der 34th Street wartet mit der Skulpturengruppe **„Waiting for the Interurban“** eine der populärsten Installationen von Seattle auf den Spaziergänger. Die scheinbar ebenso vergeblich wie ernüchtert auf den Bus wartende Gruppe von sechs Pendlern und einem dazugehörigen Hund erinnert ein wenig an „Warten auf Godot“. Im Laufe der Jahre hat man wohl Mitleid mit den Bedauernswerten entwickelt und einen Unterstand für sie errichtet. Dass die Seattleites und speziell die Bewohner von Fremont immer zu einem Späßchen aufgelegt sind, verdeutlichen die mehrfach im Jahr wechselnden Kostüme, mit denen die Wartenden ausstaffiert werden. Und wenn es wieder Mal regnet, findet sich selbstverständlich jemand, der sie mit einem Regenschirm ausstattet.

› **Anfahrt:** Vom Westlake Center (s. S. 81) mit dem Bus Nr. 62 bis zur Fremont Ave.

- •5 [cf] **Fremont Rocket**
- •6 [cf] **Fremont Troll**
- •7 [cf] **J. P. Patches Statue**
- •8 [cf] **Lenin-Statue**
- •9 [cf] **Waiting for the Interurban**

24 Woodland Park Zoo ★★ [ce]

Mehrfach von der Zoologischen Vereinigung der USA als der artengerechteste Zoo Amerikas ausgezeichnet und seit Jahren unter den **Top 5 der Zoos des Landes** geführt, lohnt der Woodland Park Zoo nicht nur für Familien mit Kindern einen Ausflug. Schon seine Lage im westlichen Teil des an den Green Lake angrenzenden **Woodland Park**, ca. 20 km nördlich von Seattle, lässt ihn eher wie ein Wildgehege als wie einen klassischen Zoo erscheinen. Auf einer Fläche von 37 ha leben hier **300 verschiedene Tierarten** aus der ganzen Welt. Dabei reicht die Bandbreite von asiatischen und afrikanischen Elefanten, Schneeleoparden, Lemuren und Giraffen bis zu Grizzlybären. Zum großzügigen, wie eine Naturoase anmutenden Eindruck tragen zudem die hier gepflanzten, über 7000 Bäume bei.

Ein Höhepunkt der Anlage ist die in drei Sektoren unterteilte Abteilung **Tropical Asia.** Zu sehen sind unter anderem Nashörner aus dem Nordosten Indiens, Malayische Tiger, Languren-Affen und ein Vogelhaus mit wundervoll bunten Vögeln aus Asien.

Die Abteilung **African Savanna** beheimatet eine Vielzahl der in den zentralafrikanischen Nationalparks lebenden Tiere wie Giraffen, Zebras, Strauße und afrikanische Löwen. Zudem findet sich eine Nachbildung eines traditionellen Dorfs aus der ostafrikanischen Steppe.

Es werden zudem täglich Vorträge von Zoologen geboten und bei Kindern sind die Tierfütterungen ein Renner, an denen man sogar selbst mithelfen kann, falls man sich frühzeitig (online) angemeldet hat.

Bei Jung und Alt gleichermaßen beliebt sind die Pinguine im **Pinguin House**, die Pandas und Flamingos in der Abteilung **Temperate Forest** und der **Schmetterlingsgarten.**

Wer sich ein Bild von der Tierwelt Alaskas machen möchte, sollte sich **The Northern Trail** anschauen. Diese dem Denali-Nationalpark nachempfundene Landschaft beinhaltet unter anderem Braunbären, Rothirsche und Wölfe.

› 5500 Phinney Ave., vom Westlake Center (s. S. 81) mit Bus 5 innerhalb von 25 Min. zum Zoo, Tel. 5482500, www.zoo.org, geöffnet: Mai–2. Sept. tägl. 9.30–18 Uhr, 3.–30. September Mo–Fr 9.30–16, Sa/So 9.30–18 Uhr, Okt.–April tägl. 9.30–16 Uhr, Eintritt: Erw. $ 22,95, über 65 Jahre $ 20,95, 3–12 Jahre $ 13,95

25 Ballard ★★★ [be]

Ballards Ursprünge gehen auf skandinavische Einwanderer aus der Mitte des 19. Jh. zurück. Die meisten seiner etwa 30.000 Bewohner gehören der oberen Mittelschicht an, sind gebildet, umweltbewusst und politisch liberal. In Europa wäre dieses ehemalige Fischerdorf wohl eine Hochburg der Grünen. „Get Carbon Neutral", steht denn auch auf vielen Aufklebern – Ballard ist so etwas wie das grüne Gewissen Seattles.

Mit seiner landschaftlich attraktiven Lage am **Puget Sound**, seinen schönen Stränden, erholsamen Parks und der Vielzahl an Restaurants, Kneipen, Kleinkunsttheatern und Galerien gilt Ballard als das **Viertel mit der höchsten Lebensqualität** von Seattle.

Einen Eindruck von der ebenso relaxten wie inspirierenden Atmosphäre erlangt man beim Spaziergang entlang der historischen, bis heute das Zentrum bildenden **Ballard Avenue.** Hier findet sich nicht nur der für das Viertel so typische Mix aus Geschäftigkeit und Gemütlichkeit, sondern auch noch eine große Anzahl der zum Teil über 100 Jahre alten, aufwändig restaurierten historischen Bauten.

Marvin's Garden, ein winzig kleiner, mit Zedernbäumen begrünter Platz mit einem Uhrturm aus Ziegelsteinen in der Mitte, markiert das Zentrum des sich über beide Straßen verteilenden **Ballard Sunday Market.** Am Wochenende strömen Tausende von Einheimischen zu diesem ganzjährig stattfindenden Bauern- und Kunstgewerbemarkt im Freien. Der Freiluftmarkt mit seiner fröhlichen und relaxten Art und seinen bis zu 100 Verkaufsständen findet jeden Sonntag zwischen 10 und 15 Uhr statt – come rain or shine …

› **Anfahrt:** Mit der Buslinie Rapidride D Line vom Westlake Center (s. S. 81) nach Ballard

26 Golden Gardens Park ★★ [ae]

Der im äußersten Nordwesten von Ballard gelegene Strand gilt als einer der schönsten Orte, um in aller Ruhe die Schönheit des pazifischen Nordwestens zu erleben. Strandspaziergänge, Beachvolleyball, Strandburgen bauen, Grillen oder einfach nur die schöne Aussicht genießen – der Golden Gardens Park ist besonders bei Familien beliebt und zieht Menschen allen Alters an. Besonders populär ist der Ort am Spätnachmittag, wenn man sich zum Genießen des stets grandiosen Sonnenuntergangs trifft. Allerdings kann es hier selbst an sonnigen Tagen aufgrund der fri-

› *Durch die attraktive Lage am Wasser finden sich in Seattle viele Jachthäfen*

schen Brise und des kalten Pazifik recht kühl werden, sodass man auf jeden Fall wärmere Kleidung mitnehmen sollte.

› www.seattle.gov/parks/find/parks/golden-gardens-park, Bus 17 vom Westlake Center (s. S. 81) bis 32 Ave. NW & Loyal Way NW, von dort ca. 500 m zu Fuß

27 Hiram M. Chittenden Locks und Carl S. English Botanical Garden ★★ [af]

Die **Hiram M. Chittenden Locks** (auch unter dem Namen **„Ballard Locks"** bekannt), ein am Rande von Ballard im Jahre 1911 errichtetes **Schleusensystem**, das bei den Einheimischen unter dem Namen Ballard Locks bekannt ist, dient dazu, Booten die Passage zwischen dem Puget Sound und dem Lake Washington zu ermöglichen. Mit jährlich fast 100.000 Schiffen sind die beiden, den Höhenunterschied von sieben Metern bewältigenden Schleusen die meistbenutzten der USA.

Auf der südlichen Seite wurden **Fischleitern** angebracht, um den Lachsen das Überqueren der künstlichen Barriere zu ermöglichen. Das Schauspiel der jedes Jahr zwischen Juni und September hier zu beobachtenden Heimkehr Tausender von Lachsen zu ihren Ursprungsbächen verfolgen an Wochenenden Hunderte von einheimischen Besuchern. In einem Informationszentrum wird auf Erklärungstafeln die faszinierende Reise der Lachse von ihren Ursprungsbächen in den Pazifik und wieder zurück dargestellt.

Die meisten verbinden den Ausflug auch mit einem Besuch des nahegelegenen **Carl S. English Botanical Garden.** Der Park im Stil eines Englischen Gartens wurde ab 1911 vom Landschaftsarchitekten Carl S. English Jr. angelegt und über 40 Jahre gepflegt und weiterentwickelt. Heute kann man auf ca. 3 ha Fläche mehr als 500 verschiedene Pflanzenarten aus aller Welt bewundern – oder einfach nur gemütlich in der Sonne entspannen.

› Schleusen und Botanischer Garten: www.ballardlocks.org, geöffnet: tgl. 7–21 Uhr, Bus 13 vom Westlake Center zu den Schleusen

Ausflüge in die Umgebung

Wenn Seattle regelmäßig zu den Städten mit der höchsten Lebensqualität in den USA gewählt wird, dann liegt das vor allem an der Mischung aus wirtschaftlichem Wohlstand, geringer Kriminalität, sozialem Frieden, erstklassigen Restaurants, Museen und Veranstaltungsorten, aber auch an den in unmittelbarer Nähe gelegenen Ausflugsmöglichkeiten.

Nach dem Motto „The best of both worlds“ kann man z. B. am selben Tag sowohl die Dynamik der Metropole hautnah erleben als auch die weltentrückte Ruhe beim Wandern auf einer der zahlreichen vorgelagerten Inseln genießen. Aber auch beim Besuch des tollen Museum of Flight, bei einer Weintour im Vine Valley oder einem Ausflug zum Mt. Rainier kommt jeder auf seine Kosten. Und das Schönste dabei: Keines der hier genannten Ausflugsziele ist mehr als zwei Fahrstunden von Seattle entfernt.

28 Bainbridge Island ★★

Friedvolles Inselleben vor der Haustür einer pulsierenden Millionenstadt – wer würde sich das nicht wünschen? In Seattle bzw. Bainbridge Island werden diese Wünsche wahr. Die nur eine halbe Stunde mit der öffentlichen Fähre von der Innenstadt entfernte Insel ist denn auch so etwas wie „everybody's darling“. Da passt es denn auch, dass die Insel immer wieder auf Listen wie **„Best places to live in America“** auftaucht. Schon die Fahrt mit der täglich bis zu 30 Mal zwischen dem Festland und der Insel verkehrenden Washington State Ferry ist ein Vergnügen.

Das gerade einmal 168 km² kleine Eiland ist eine herrliche Mischung aus Parks, Wäldern, Stränden und kleinen Orten. Eine der meistbesuchten Sehenswürdigkeiten auf der etwa 25.000 Einwohner-Insel ist das **Bloedel Reserve.** Die japanischen Gärten nachempfundene Gartenlandschaft ist ein Ort der Ruhe und Kontempla-

034se-vs©Alabastro Photography

▷ Blick auf Bainbridge Island mit den Olympic Mountains im Hintergrund

◁ Von der Fähre auf dem Weg nach Bainbridge Island hat man die Innenstadt Seattles immer in Sichtweite

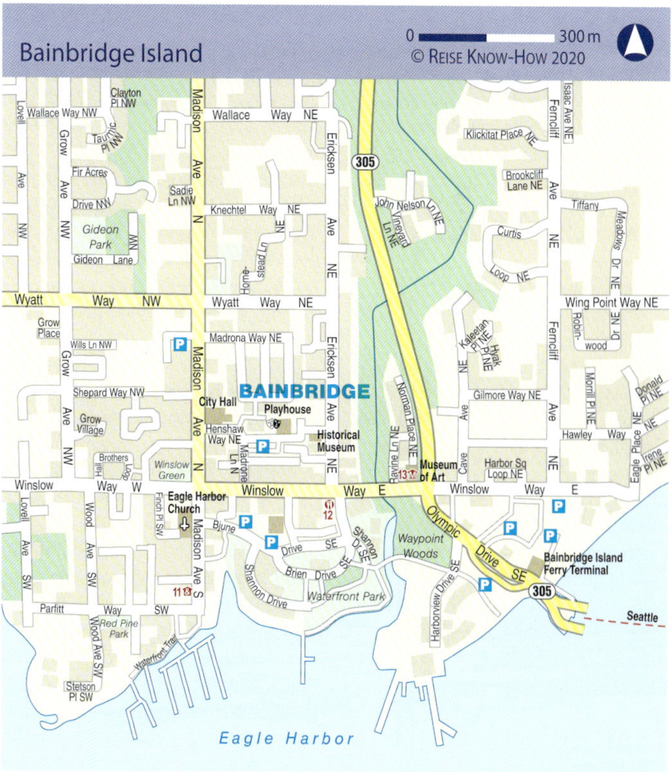

Bainbridge Island
0
300 m
© Reise Know-How 2020
BAINBRIDGE
Wallace Way NW
Clayton Pl NW
Taurnic Pl NW
Fir Acres Drive NW
Sadie Ln NW
Gideon Park
Gideon Lane
Madison Ave N
Wallace Way NE
Ericksen Ave NE
305
Knechtel Way NE
Homestead Ln NE
Klickitat Place NE
Brookcliff Lane NE
John Nelson Ln NE
Vineyard Ln NE
Tiffany
Meadows Dr NE
Curtis Loop NE
Ferncliff Ave NE
Isaac Ave NE
Wyatt Way NW
Wyatt Way NE
Wing Point Way NE
Robinwood Dr NE
Grow Place
Wills Ln NW
Madrona Way NE
Kaleetan Pl NE
Hyak Pl NE
Shepard Way NW
Grow Ave NW
Grow Village
City Hall
Playhouse
Henshaw Way NE
Historical Museum
Norman Place NE
Ravine Ln NE
Gilmore Way NE
Morrill Pl NE
Donald Pl NE
Hawley Way NE
Harbor Sq Loop NE
Cave Ave NE
Eagle Place NE
Irene Pl NE
Brothers Loop
Hall
Winslow Green
Madrone Ln N
Museum of Art
13
Winslow Way W
Winslow Way E
Lovell Ave SW
Wood Ave SW
Finch Pl SW
Eagle Harbor Church
Madison Ave S
Bjune Drive SE
12
Shannon Dr SE
Brien Drive SE
Shannon Drive
Waterfront Park
Waypoint Woods
Olympic Drive SE
Harborview Drive SE
Bainbridge Island Ferry Terminal
Seattle
11
Parfitt Way SW
Red Pine Park
Wood Ave SW
Waterfront Trail
Stetson Pl SW
Eagle Harbor

tion und lädt zu Spaziergängen ein. Vom nahegelegenen **Fay Bainbridge Park** genießt man einen sehr schönen Blick auf die Cascade Mountains und den Puget Sound.

Wie fast alle bewohnten Inseln des Puget Sound ist auch Bainbridge ein **Refugium für Künstler.** Einen interessanten Überblick über die Arbeiten lokaler Maler bietet das **Bainbridge Island Museum of Art.**

Im kleinen Ort **Winslow** kann man den Ausflug mit einem Besuch der dort angesiedelten Galerien, Restaurants und Cafés ausklingen lassen. Im besten Sinne entschleunigt geht es dann wieder zurück in die pulsierende Metropole auf der anderen Seite des Puget Sound.

› **Anfahrt:** Die Washington State Ferries (www.wsdot.wa.gov/ferries) nach Bainbridge Island fahren mindestens jede Stunde vom Pier 52. Die erste verlässt Seattle um 4.45 Uhr, die letzte um 0.25 Uhr. Tickets kann man online oder direkt am Schalter beim Einchecken für $ 8,50/4,25 (Jugendliche/Senioren) erstehen.

11 [S. 51] **Eagle Harbor Inn** $$, 291 Madison Ave. S. Tel. 206 2076796, www.theeagleharborinn.com. Den romantischen Charme von Bainbridge Island widerspiegelnde Unterkunft in guter Lage mit insgesamt acht individuell gestalteten Zimmern. Restaurants und Cafés gibt es gleich um die Ecke.

12 [S. 51] **Streamliner Diner** $, 397 Winslow Way E, Tel. 206 8428595, www.streamlinerdiner.com, geöffnet: 7–14.30 Uhr. Bei Einheimischen wie Touristen gleichermaßen beliebter Diner mit einer exzellenten Auswahl an Frühstücks- und Mittagsoptionen

13 [S. 51] **Bainbridge Island Museum of Art,** 550 Winslow Way, Tel. 206 8424451, geöffnet: tgl. 10–18 Uhr, Eintritt: frei

29 Museum of Flight ★★★

Dass es in der Heimatstadt von Boeing ein Flugzeugmuseum gibt, ist an sich nicht Überraschendes, aber man muss wahrlich kein reiner Flugzeugfan sein, um von dieser Ausstellung begeistert zu sein. Von den Anfängen bis in die Neuzeit, von den Gebrüdern Wright bis zum Dreamliner ist hier alles zu sehen.

Einen echten Wow-Effekt hat man gleich zu Beginn. In der großen Ausstellungshalle stehen und vor allem hängen alle Arten von Fluggeräten: Doppeldecker, Helikopter, Segelflugzeuge, Wasserflugzeuge, Jumbojets, Kriegsflugzeuge, Überschalljets und ein von Menschenkraft bedienter Albatross II. Besonders ins Auge fallen die erste je gebaute Boeing 747, eine Boeing 707, die in den 1950er-Jahren als Air Force One verwendet wurde, eine der ersten Boeing 787-8, eine Concorde der British Airways und die mit dreifacher Schallgeschwindigkeit auf einer Höhe von 27.000 m fliegende, unbemannte Lockheed A-12. Im Außenbereich sind zudem 19 kommerzielle und militärische Flugzeuge ausgestellt.

Außer mit der **Vielfalt und Vielzahl der Ausstellungsobjekte** punktet das Museum auch mit seinen kenntnisreichen und enthusiastischen Mitarbeitern (bei vielen handelt es sich um pensionierte Piloten, die ihre Liebe zur Fliegerei teilen möchten) und eine Reihe an **interaktiven Angeboten.** So kann man unter anderem eine der für den amerikanischen Präsidenten gebauten Air-Force-One-Maschinen von innen besichtigen oder an einem **Flugsimulator** seine eigenen Flugkünste ausprobieren. Oder wie wäre es mit einer Inspektion des Innenraumes der Space-Shuttle-Kabine? Und wem das noch nicht reicht, der kann in noch höhere Welten entschweben und eine **Raumkapsel der Apollo-Mission** inspizieren.

Spektakulär und zudem höchst informativ sind die im ursprünglichen, aus Holz errichteten Boeing-Gebäude gezeigten Videos zur Geschichte der Fliegerei und Raumfahrt. Selbstverständlich hat **Boeing** hier ein Heimspiel, zumal ein Großteil des Museums in der Hand des größten Flugzeugherstellers der Welt ist. Entsprechend findet sich weder eine Erwähnung noch ein Ausstellungsobjekt des großen Konkurrenten Airbus.

› 9404 East Marginal Way S, Bus 124 vom Westlake Center (s. S. 81) bis E Marginal Way, Tel. 7645700, www.museumofflight.org, geöffnet: tägl. 10–17 Uhr, jeden ersten Do im Monat zusätzlich 17–21 Uhr (bei freiem Eintritt), Eintritt: Erw. $25, über 65 Jahre $21, 5–17 Jahre $16

30 Woodinville ★★

Im nur eine gute halbe Stunde außerhalb Seattles gelegenen Woodinville liegen **über 130 Weingüter** eng beieinander. Speziell während der Sommermonate kann es hier an den Wochenenden voll werden. Dann strömen Tausende von Städtern nach Woodinville, um an Weinführungen teilzunehmen und sich für zu Hause mit den auch international anerkannten Weinen einzudecken.

Eines der bekanntesten Weingüter ist das einem französischen Schloss nachempfundene **Chateau Ste. Michelle**. In dem angeschlossenen, über 4000 Besuchern Platz bietenden Freiluftamphitheater treten von Juni bis September internationale Stars aus Pop, Rock, Jazz und Blues auf. Diese sogenannte Summer Concert Series umfasst 25 Konzerte und gilt auch in Seattle als Geheimtipp. So sind viele der Konzerte bereits Monate zuvor ausgebucht, weshalb sich eine frühzeitige Buchung empfiehlt.

Für diejenigen, die die ausgezeichneten Restaurants der Region näher kennenlernen möchten, stehen auch eine Reihe von erstklassigen Hotels zur Verfügung.

› www.visitwoodinville.org/sip/wineries, Anfahrt: Mit dem Auto sind es nur knapp 30 Minuten vom Stadtzentrum von Seattle entlang der Highways 520 und 405 bis nach Woodinville.

★**14 Chateau Ste. Michelle Winery** $$$, 14111 NE 145th St., Tel. 425 4881133, www.ste-michelle.com geöffnet: tgl. 10–17 Uhr. Über die Website erhält man auch nähere Informationen zu der Summer-Series-Konzertreihe.

15 Willows Lodge $$$, 14580 NE 145th St., Tel. 425 4243900, www.willowslodge.com. Elegante Unterkunft im typischen Westcoast-Stil mit viel Holz und Glas. Große, geschmackvolle Zimmer, viele mit eigenem Kamin, dazu ein ausgezeichnetes Restaurant und ein Spa.

31 Snoqualmie Falls ★★

Mit jährlich 1,5 Millionen Besuchern gehören die Snoqualmie Falls zu den **meistbesuchten Sehenswürdigkeiten im Nordwesten der USA.** Und der aus 82 m in die Tiefe stürzende **Wasserfall** ist tatsächlich beeindruckend, doch es kommt noch hinzu, dass er einer der Drehorte für die Kultserie **„Twin Peaks“** von David Lynch ist. Nicht nur der Wasserfall spielt in der Serie eine Rolle, auch das oberhalb gelegene Hotel **Salish Lodge & Spa** (www.salishlodge.com) ist unter dem Namen „Great Northern Hotel“ aus der Serie bekannt. Wer möchte, kann hier das Paket „The Great Northern

Escape“ buchen und bei seinem Aufenthalt unter anderem Kirschkuchen und „verdammt guten Kaffee“ genießen – allerdings muss man dafür etwas tiefer ins Portemonnaie greifen. Am anderen Ende des Ortes Snoqualmie quert die **Reinig Bridge** den Snoqualmie River. Sie ist Fans der Serie als Ronette's Bridge bekannt.

Namensgeber für den Ort und den Wasserfall war das hier ursprünglich lebende **Volk der Snoqualmie,** für das der Wasserfall nicht nur eine Naturschönheit, sondern auch Teil ihrer Ursprungslegende ist. Demnach wurde an dieser Stelle der Mensch erschaffen und noch heute wird dem Ort spirituelle Bedeutung zugemessen. So glauben die Snoqualmie daran, dass ihre Gebete mittels der Gischt in den Himmel und damit zu den Göttern getragen werden.

Am beeindruckendsten ist die Gischt im Frühjahr, wenn der Fluss durch die Schneeschmelze in den Bergen besonders viel Wasser führt. Allerdings handelt es sich hierbei nur um einen Teil der tatsächlichen Menge, wird doch ein erheblicher Teil für die beiden bereits seit mehr als 100 Jahren betriebenen Wasserwerke abgeleitet.

Die beste Aussicht auf den Wasserfall bietet sich von der oberen der beiden hölzernen Plattformen. Dort findet sich auch die kleine Rasenfläche Centennial Green, auf der im Sommer häufig vor dem Hintergrund der „romantischen Fälle“ Hochzeitszeremonien abgehalten werden – herrlich kitschig.

› Anfahrt: Nur mit dem eigenen Auto. Die I-5 nach Süden, dann die I-90 nach Osten bis zur Ausfahrt 27 nach Snoqualmie.

Naturspektakel und spiritueller Ort der Indianer – die Snoqualmie Falls

32 Mt. Rainier Park ★★★

Der Mt. Rainier Park ist eine grandiose Naturlandschaft um den mit über 4000 m höchsten Berg des Staates Washington.

„Der Berg ist zu sehen!" Speziell während der regenreichen Wintermonate von November bis März ist dies ein häufig von den Einheimischen zu hörender Spruch, wenn sich nach langer Zeit mal wieder die Sonne zeigt und dabei gleichzeitig die majestätische Sicht auf den **Mt. Rainier** frei gibt. Der knapp 100 km südöstlich von Seattle gelegene **Vulkan** mit seiner ganzjährig schneebedeckten Kegelform ist mit 4392 m der **höchste Berg des Staates Washington** und gehört zu den **gefährlichsten Vulkanen der Welt**. Auch wenn er zurzeit inaktiv ist, warnen Vulkanologen vor einer eventuellen Eruption, welche das Leben von Hunderttausenden Menschen gefährden würde.

Bei den Indianern ist der Hausberg von Seattle als **Tahoma** bekannt. Sein aktueller Name wurde ihm im Jahre 1792 von Captain Vancouver (Namensgeber der gleichnamigen Stadt im Südwesten Kanadas) zu Ehren eines seiner Freunde gegeben, als er im Namen der britischen Krone die Gewässer des Nordwestens umschiffte.

Ein Besuch des Mt. Rainier und des ihn umgebenden Nationalparks gehört zu einem der beeindruckendsten Erlebnisse im Nordwesten der USA. Da die Anfahrt von Seattle nur knapp zwei Stunden dauert, kann man den Ausflug inklusive einiger Wanderungen problemlos für einen Tag einplanen. Wer jedoch größere Wanderungen unternehmen möchte, sollte über eine Übernachtung nachdenken.

Der Mt. Rainier Park gehört zu den schönsten Naturparks des amerikanischen Nordwestens

Nach Passieren des Haupteingangstors im Südwesten des Parks (Nisqually Entrance) erreicht man zunächst **Longmire**, ein kleines **Informationszentrum** mit angeschlossenem Museum und Ausrüstungsladen. Von hier steigt die Straße bis **Paradise** stetig an. Vom dort ansässigen Informationszentrum bietet sich ein herrlicher Panoramablick und von hier starten auch mehrere **Wanderwege**, die in die umliegenden Täler führen. Der knapp 8 km lange **Skyline Trail** führt an im Sommer mit Wildblumen übersäten Wiesen entlang bis oberhalb der Baumgrenze. Unterwegs bietet sich immer wieder eine beeindruckende Aussicht auf die umliegenden Berge. Der ähnlich lange **Lakes Trail** führt abwärts zu den Reflection Lakes – ein treffender Name, spiegeln sich doch die Berge im Wasser der Seen.

Weitere attraktive Wandermöglichkeiten bieten sich vom oberhalb von Paradise gelegenen **Obanapecosh Visitor Center.** Obwohl mit 2 km recht kurz, gehört der zudem recht eben verlaufende **Grove of the Patriarchs Trail** (besonders für Familien mit Kindern geeignet) zu den spektakulärsten Wanderpfaden, führt er doch durch einen Wald mit über 1000 Jahre alten Rotzedern.

Das entlang des Wegs gelegene **Sunrise Visitor Center** liegt mit 2200 m auf dem höchsten Punkt der mit dem Auto passierbaren Straße. Von hier führt der 8 km lange **Mount Fremont Trail** durch die liebliche Berglandschaft und mit etwas Glück sieht man zuweilen sogar Bergziegen.

› **Infos:** www.visitrainier.com

16 Longmire Wilderness Information Center, Highway 706, Tel. 360 5696650, geöffnet: 25. Mai–8. Oktober tgl. 7.30–17 Uhr

17 Obanapecosh Visitor Center, geöffnet: Ende Mai–Mitte September tgl. 9–17 Uhr

18 Paradise Climbing Information Center, 55210 238th Ave. E, Tel. 360 5696641, geöffnet: Ende Mai–Anfang September tgl. 7–16 Uhr

19 Sunrise Visitor Center, Sunrise Park Rd., Tel. 360 6632425, geöffnet Ende Juni–Ende September tgl. 10–18 Uhr

20 Wildberry Restaurant $$, 377718 State Route 706 E, Tel. 360 5692277, www.rainierwildberry.com, geöffnet: tgl. 12–21 Uhr. Nepalesisch, amerikanisch, griechisch – welch eine Mischung! Das Erstaunliche ist, dass das im Ort Ashford gelegene Wildberry diese drei Küchen jeweils authentisch serviert. Wer draußen auf der großen Terrasse sitzt, wird von Gebetsfahnen umgeben – die Besitzer des Restaurants stammen aus Nepal.

21 Copper Creek Inn $$, 35707 SR 705 E, Tel. 360 5692799, www.coppercreekinn.com. An der Zufahrtsstraße zum Nationalpark gelegen, findet sich das Copper Creek in einer schönen Parkanlage und bietet neben den Zimmern im Haupthaus auch im rustikalen Stil gestaltete „Cabins" und ein angeschlossenes Restaurant. Bei der Reservierung sollte man darauf achten, dass das Zimmer nicht in der Nähe der Küche liegt.

SEATTLE ERLEBEN

038se-tb

Seattle für Kunst- und Museumsfreunde

Auch wenn Seattle sicher nicht mit anderen amerikanischen Metropolen wie New York, Washington oder Chicago beim Rennen um die beste Museumsstadt der USA konkurrieren kann, verfügt sie doch über eine Reihe von hochinteressanten Ausstellungshäusern. Dabei reicht die Bandbreite von Kunstsammlungen über Museen zur Geschichte Seattles bis hin zum großartigen Flugzeugmuseum Museum of Flight.

Museen

22 [G1] **Asian Art Museum,** 1400 E Prospect St. (Volunteer Park), Tel. 6543210, www.seattleartmuseum.org. Das nach zweieinhalbjähriger Renovierung voraussichtlich im Februar 2020 wiedereröffnende Museum gehört mit seinen über 10.000 Ausstellungsobjekten zu den spannendsten Kunsthäusern Seattles. Mit dem lichtdurchfluteten Erweiterungsbau wurde die Ausstellungsfläche noch einmal vergrößert.

3 [C2] **Bill & Melinda Gates Foundation Discovery Center.** In den Ausstellungsräumen werden die weltweiten Projekte der größten privaten Hilfsorganisation vorgestellt (s. S. 21).

4 [B3] **Chihuly Garden and Glass.** Das Museum bildet den gelungenen Rahmen für die faszinierenden Glasskulpturen des weltberühmten Künstlers David Chihuly (s. S. 22).

23 [F6] **Frye Art Museum,** 704 Terry Ave., Tel. 6229250, www.fryemuseum.org, geöffnet: Di–So 11–17, Do 11–19 Uhr, Eintritt: frei. Schwerpunkt dieses aus der Privatsammlung des Industriellenpaars Emma und Charles Frye entstandenen Museums sind Werke des 19. und 20. Jahrhunderts. Sowohl amerikanische als auch europäische Künstler sind vertreten, etliche Werke zudem von deutschen Künstlern wie Franz von Stuck, Wilhelm von Kaulbach und Fritz von Uhde. Die Sammlung ist nicht allzu groß, dafür sehr ansprechend und kreativ präsentiert. Von bequemen Sesseln aus kann man die Pracht auf sich wirken lassen. Die Erklärungen zu den einzelnen Bildern sind hier nicht wie sonst in Museen üblich unter dem Bild angebracht, sondern einem vierseitigen Faltblatt zu entnehmen. Auf diese Weise fühlt sich der Museumsbesucher wie ein Gast in der Villa des Sammlers. Zusätzlich zur ständigen Sammlung gibt es auch wechselnde Ausstellungen. Im eleganten Museumsgebäude gibt es einen kleinen, gut ausgestatteten Laden und ein Café.

24 [df] **Henry Art Gallery,** 15th Ave. NE & NE 41st St., Tel. 5432280, www.henryart.org, geöffnet: Mi, Fr–So 11–16, Do 11–21 Uhr, Eintritt: Erw. $ 10, ab 62 Jahren $ 6. Mit seinen über 25000 Kunstobjekten gehört das 1927 gegründete Museum auf dem Gelände der Universität von Washington zu den angesehensten und ältesten Kunsthäusern Seattles.

18 [E7] **Klondike Gold Rush National Historical Park.** In den Räumlichkeiten des Museums wird unter anderem anhand von Einzelschicksalen die für die Geschichte Seattles so wichtige Zeit des Klondike-Goldrauschs Ende des 20. Jh. zum Leben erweckt (s. S. 41).

25 [ci] **Living Computers: Museum + Lab,** 2245 1st Ave. S, Tel. 3422020, www.livingcomputers.org, geöffnet: Mi–So 10–18 Uhr, jeden ersten Do im Monat bis 20 Uhr (dann 17–20 Uhr freier Eintritt), Eintritt Erw. $ 22 (online $ 18). „Wow, sind die riesig“, ist wohl eines

◁ *Vorseite: Seattle ist bunt*

der ersten Dinge, die einem in diesem ungewöhnlichen Museum in den Sinn kommen. Im Vergleich zu den winzigen Handys und Laptops der heutigen Zeit erscheinen deren noch nicht einmal 30 Jahre alten Vorgänger in der Tat gigantisch. Das 1997 von dem Microsoft-Mitbegründer Paul Allen ins Leben gerufene Museum beherbergt nicht nur eine erstaunliche Bandbreite der im Laufe der letzten 70 Jahre entworfenen Computer, sondern lädt die Besucher dazu ein, diese auch zu benutzen. So kann sich hier jeder stundenlang an seinem Lieblingsgerät austoben. Im Übrigen gibt diese größte Sammlung an funktionsfähigen Computern weltweit einen ausgezeichneten Überblick über die Entwicklung jener Erfindung, die wie keine andere das Leben der Menschen in den letzten Jahrzehnten fundamental verändert hat.

Statue von Chris Cornell, Gründer und Sänger der aus Seattle stammenden Rockband Soundgarden, vor dem Museum of Pop Culture 5

EXTRATIPP

Seattle Museum Month

Wer im Februar in ausgewählten Hotels in Seattle übernachtet, erhält 50 % Rabatt auf den Eintritt in alle Museen der Stadt. Welche Hotels an diesem Programm teilnehmen und weitere Infos findet man unter www.seattlemuseummonth.com.

29 **Museum of Flight.** Eines der weltweit besten Flugzeugmuseen befindet sich in den Außenbezirken von Seattle. Unter den mehr als 80 Fluggeräten befinden sich unter anderem Schmuckstücke wie die erste 747, eine Concorde und eine für den US-Präsidenten gebaute Air Force One. Ein weiteres Plus sind die zahlreichen interaktiven Angebote wie der Flugsimulator und die Möglichkeit, zahlreiche der Großraumflugzeuge von innen zu betreten (s. S. 52).

26 [D2] **Museum of History & Industry,** 860 Terry Ave. N, Tel. 3241126, www.mohai.org, geöffnet: tägl. 10–17 Uhr, am ersten Do im Monat (dann freier Eintritt in die Dauerausstellungen) und im

Juli/August Do 10–20 Uhr, Eintritt: Erw. $ 21,95, über 65 Jahre $ 17,95, Schüler $ 16,95, unter 14 Jahren in Begleitung eines Erwachsenen freier Eintritt. Das etwas umständlich benannte Museum of History & Industry direkt am Union Lake bietet den umfangreichsten und gleichzeitig detailliertesten Einblick in die Geschichte Seattles und des pazifischen Nordwestens. Im Bezos Center for Innovation werden unter dem Namen „Seattle 10" die zehn vielversprechendsten und innovativsten regionalen Start-up-Ideen eines Jahrgangs gewürdigt. Im Ausstellungbereich „Maritime Seattle" lässt sich der rasante, nur 150 Jahre dauernde Aufstieg von einem rückständigen Holzfällerdorf zu einer innovativen und erfolgreichen Metropole lebhaft nachvollziehen. Wer sich zwischendurch mal ein wenig erholen möchte, kann dies bei Kaffee und Kuchen im freundlich und offen gestalteten Museumscafé mit großartigem Ausblick auf den See. Im Eintrittspreis inbegriffen sind Audioguides mit vielen spannenden Informationen. Wer seinen Seattle-Besuch „pädagogisch richtig" anfangen möchte, sollte zunächst das MOHAI besuchen, da man mit den hier gewonnenen Infos die Stadt mit viel differenzierterem Blick sieht.

❺ [C3] **Museum of Pop Culture.** Das futuristische, vom berühmten kanadischen Architekten Frank Gehry entworfene MoPOP ist unter anderem eine Hommage an die aus Seattle stammenden Ikonen Jimi Hendrix und Kurt Cobain. Neben der Musik werden jedoch viele weitere Aspekte der Popkultur zum Leben erweckt. Zum Beispiel gibt es eine sehr gute Science-Fiction-Abteilung und immer wieder spannende Sonderausstellungen (s. S. 22).

❻ [B3] **Pacific Science Center.** Nach dem Motto „Wissenschaft zum Anfassen" werden hier Phänomene aus den Bereichen Biologie, Chemie, Physik und Umwelt greifbar und damit einfach verständlich dargeboten (s. S. 23).

⓭ [D6] **Seattle Art Museum (SAM).** Das prestigeträchtige Museum verfügt über eine große Spannbreite von Ausstellungsobjekten. Sie reichen von afrikanischen Masken über asiatische Kultgegenstände bis zu Totempfählen aus dem Nordwesten Nordamerikas. Hinzu kommen hochinteressante Wechselausstellungen (s. S. 34).

27 [F8] **Seattle Pinball Museum,** 508 Maynard Ave. S, Tel. 6230759, www.seattlepinballmuseum.com, geöffnet: Do–Mo 12–18 Uhr, Eintritt: Erw. $ 18, Kinder (7–12 J) $ 15. Jung und Alt toben sich an den über 50 in einem recht kleinen Raum zusammengestellten Flippern aus. Die ältesten der ebenso bunten wie lauten Spielautomaten stammen aus den 1960er-Jahren, der jüngste ist brandneu.

28 [F8] **Wing Luke Museum,** 719 S King St., Tel. 6235124, www.wingluke.org, geöffnet: Di–So 10–17 Uhr, erster Do im Monat bis 20 Uhr, Eintritt: Erw. $ 17, ab 62 Jahre $ 15, Schüler (13–18 Jahre) $ 12,50, 5-12 Jahre $ 10. Das 1967 gegründete und seit 2008 an seiner heutigen Stelle in der King Street ansässige Museum beherbergt über 18.000 Objekte zur Geschichte der aus dem asiatischen Kulturkreis eingewanderten Bewohner im Großraum Seattle. Benannt wurde es nach Wing Luke, dem ersten „Asian American" der im Nordwesten der USA in ein öffentliches Amt gewählt wurde. Er war es auch, der die Etablierung des Museums initiierte. Da es sich bei „Asian Americans" um einen sehr vagen Begriff handelt, der eine Vielzahl von asiatischen Kulturkreisen einschließt, wird innerhalb der Ausstellung eine Unterteilung in 26 verschiedene Untergruppen vorgenommen. Besonders interessant sind die historischen Aufnahmen aus der zweiten Hälfte des 19. Jh.

Kunstgalerien

29 [D6] **Northwest Tribal Art,** 1417 1st Ave., Tel. 4679330, www.northwesttribalart.com, geöffnet: Mo–Sa 10–18, So 11–16 Uhr. Mit seinem geschulten Personal und seiner umfangreichen Auswahl an Kunstgegenständen der Nordwestküstenindianer und der Inuit gilt die seit 1891 beim Pike Place Market ansässige Galerie als eine der renommiertesten ihrer Art.

30 [C5] **Steinbrueck Native Gallery,** 2030 Western Ave., Tel. 4413821, www.steinbruecknativegallery.com, geöffnet: Mo–Sa 10–18, So 11–17 Uhr. Die ausgezeichnete Auswahl an hochwertigen Kunstobjekten der Nordwestküstenindianer wie Masken, Skulpturen, Siebdrucken und Schmuck zusammen mit selektiven Ausstellungsstücken der Inuit macht die Steinbrueck Art Gallery zu einer der besten Adressen für Native Art in Seattle.

„The Eagle“, eine der Skulpturen des Olympic Sculpture Park **7**

Kunst unter freiem Himmel

Seattle verfügt über eine Reihe von Orten, an denen Kunst unter freiem Himmel zu finden ist. Hier eine kleine Auswahl:

› **Rund um das Seattle Center** **1**. Man könnte zu Recht argumentieren, dass das ehemalige Ausstellungsgelände der Weltausstellung an sich schon eine Ansammlung von öffentlichen Kunstobjekten ist. Die auffälligsten Beispiele hierfür sind die Space Needle, der International Fountain und die Kunstobjekte „Kobe Bell“, „An Equal and Opposite Reaction“, „Olympic Illiad“ und „Dreaming in Color“.

7 [B4] **Olympic Sculpture Park.** Der Olympic Sculpture Park am Rand der Innenstadt ist die offensichtlichste Adresse für diese Kategorie, wurde er doch geschaffen, um öffentliche Kunst zu schaffen. Von den überdimensionalen Installationen gehört „The Eagle“ zu den bekanntesten (s. S. 26).

› **Totempfähle am Pioneer Square** **16**. Der Stadtteil Pinoneer Square wartet mit den wohl bekanntesten Totempfählen

Totempfähle: Zeugen einer Hochkultur

*„Stadt der Totempfähle" wird Seattle häufig genannt und tatsächlich finden sich über die ganze Stadt verstreut viele Beispiele dieser mit mystischen Figuren verzierten Baumstämme. Wie **Zeugen einer untergegangenen Hochkultur** ragen sie in den Himmel. Nicht nur westliche Besucher fragen sich beim Anblick dieser faszinierenden Monumente, was der Sinn für ihre Errichtung ist.*

*Der **Begriff „Totem"** stammt aus der Sprache Algonkin der nordamerikanischen Ureinwohner und bedeutet Verwandtschaft bzw. Familienabzeichen. Somit handelt es sich bei dem Totempfahl wohl ursprünglich um eine **Art Wappenpfahl,** auf dem die Familie ihre spezifische Herkunftsgeschichte dokumentierte. Anders als von den westlichen Missionaren angenommen, hatten Totempfähle zu keiner Zeit eine religiöse Bedeutung. Mit der zunehmenden Popularität unter den Bewohnern der Nordwestküste erfuhren sie aber eine Bedeutungserweiterung. So wurden sie auch in Erinnerung an bedeutende Ereignisse errichtet oder beinhalteten die Asche von verstorbenen Häuptlingen.*

*Die Errichtung eines Totempfahls war nur den wohlhabendsten Familien des jeweiligen Stammes vorbehalten und sollte deren herausgehobene soziale Stellung dokumentieren. Die offizielle Einweihung war mit der Ausrichtung eines **Potlach-Festes** verbunden. Dabei handelte es sich um aufwendige, mehrere Tage in Anspruch nehmende Festlichkeiten. Neben der Aufführung von rituellen Tänzen und der Abhaltung von Festessen beschenkte der Gastgeber die zu den Feierlichkeiten eingeladenen Gäste mit oftmals kostbaren Gegenständen wie Wolldecken, kunstvoll verzierten Kisten und zum Teil auch Bargeld. Mit der Annahme dieser Geschenke bestätigten die Gäste den Anspruch des Gastgebers auf die auf dem Totempfahl dargestellten Wappen sowie die gesellschaftliche Position der Familie in der Hierarchie des jeweiligen Stammes.*

*Als **Baumaterial** wurde meist das Holz des im pazifischen Nordwesten besonders zahlreich vorkommenden Riesenlebensbaums verwandt. Dieser ist nicht nur widerstandsfähig, sondern auch leicht zu bearbeiten.*

*Aufzeichnungen von westlichen Reisenden Ende des 18. Jh. bezeugen die Popularität von geschnitzten und bemalten Holzkisten und dass Holzstämme zum Hausbau verwendet wurden. Die Kunstform des freistehenden, reich verzierten und bemalten Totempfahls ist erst seit dem beginnenden 19. Jh., nach Ankunft der ersten Kolonisten, bekannt. Dafür dürfte es zwei Hauptgründe geben: Zum einen wurde durch die mit der Ankunft der ersten Europäer **eingeführten metallischen Werkzeuge** die detailgenaue Schnitzkunst an großflächigen Bäumen erst möglich. Zuvor wurden zur Holzbearbeitung z. B. angespitzte, scharfe Steine, harte Muscheln und die Zähne von Bibern genutzt. Hinzu kamen die seit den 1830er-Jahren durch den Pelzhandel, Fischerei und Bergbau sprungartig gestiegenen **finanziellen Mittel** der Einheimischen. Der damit einhergehende Wunsch durch hochragende, reich verzierte Totempfähle ihre herausragende soziale Stellung und ihren Wohlstand zu dokumen-*

tieren, hatte die Blütezeit der Kunst bis zum Jahr 1880 zur Folge. Danach wurden sie von den christlichen Missionaren als Ausdruck heidnischer Götzenverehrung verboten und viele von ihnen wurden mutwillig zerstört.

Man geht davon aus, dass es zunächst die Bewohner der Haida-Insel im äußersten Nordwesten der Provinz British Columbia in Kanada waren, die mit dem Bau von freistehenden Totempfählen begannen. Von dort dehnte sich die Kunst entlang der Westküste Richtung Süden bis zum Bundesstaat Washington und im Norden bis Alaska aus.

Die Bedeutung der auf den einzelnen Totempfählen dargestellten **Motive** ist vielfältig und kann letztlich nur von der Person erklärt werden, welche die Errichtung des Pfahls in Auftrag gegeben hat. Die Bandbreite reicht von Tieren über Pflanzen bis zu Menschen und übernatürlichen Wesen wie etwa dem Donnervogel.

Zu den meistverwendeten Tiermotiven zählen die folgenden: Raben sind an ihren spitz zulaufenden, Adler dagegen an ihren gekrümmten Schnäbeln zu erkennen. Bären sind mit auffallenden Ohren, scharfen Zähnen und großen Pfoten mit langen Klauen dargestellt. Biber sind ebenfalls häufig auf Totempfählen zu finden. Sie haben auffallend lange Schneidezähne, halten ein Stück Holz in den Händen und verfügen über einen oval geformten Schwanz.

Die häufig geäußerte Annahme, dass die auf den Pfählen dargestellten Motive entsprechend ihrer Bedeutung von oben nach unten „gelesen" werden, ist eine typisch westliche, „lineare" Sichtweise, die nicht der der Indianer entspricht. Vielmehr findet sich die bedeutendste Figur häufig am unteren Ende, wird doch damit symbolisiert, dass sie die Grundlage für die darüber zu sehenden Motive bildet. In anderen Fällen wurde die Hauptfigur bewusst auf der Augenhöhe des Betrachters angebracht. Schließlich gibt es auch viele Beispiele, wo nur eine Figur auf der Spitze des Pfahles dargestellt ist während der Rest unbearbeitet bleibt.

Auch wenn es sich gerade bei den in Seattle zu bestaunenden Exemplaren häufig um Beutestücke bzw. westlich beeinflusste Beispiele handelt, zeugt doch die in den letzten Jahrzehnten an der gesamten Nordwestküste zu erlebende Renaissance der Totempfahltradition von der Widerstandsfähigkeit und Lebendigkeit der reichen Kultur der Indianer.

043se-tb

Willkommensskulptur am Occidental Square [E7]

041se-tb

EXTRATIPP

Seattles Graffiti

Weniger in der unmittelbaren Innenstadt, dafür umso mehr in den Vororten verewigen sich Seattles Graffiti-Künstler mit oftmals faszinierenden Wandmalereien. Die Palette reicht von Alltags- und Comicszenen bis zu abstrakten Motiven und Darstellungen von lokalen Idolen wie Kurt Cobain und Jimi Hendrix.

Auf den folgenden Websites kann man sich den Standort der dargestellten Graffiti anzeigen lassen:

- http://blog.travelmarx.com/p/murals.html
- https://theevergrey.com/seattle-iconic-murals-history/

in Seattle auf. Die größte Ansammlung findet sich auf und um den baumbestandenen, verkehrsberuhigten Occidental Square.

- **„Hammering Man".** Das auffälligste Open-Air-Kunstobjekt in Seattle befindet sich vor dem Seattle Art Museum 13. Die 17 m hohe Stahlkonstruktion des „Hammering Man" schwingt in der Tat den Hammer und soll an die Schwerstarbeit der Arbeiterklasse im Industriezeitalter erinnern. Pro Minute schlägt er viermal zu. Einzige Ausnahme im Jahr: Während des „Tags der Arbeit" Anfang September darf er 24 Stunden ruhen.
- **Gas Works Park** (s. S. 85). Der stillgelegte „Gas Works Park" mit seiner pittoresken, vor sich hinrostenden Industrielandschaft vor dem Hintergrund des „East Lake" und der dahinter auftauchenden Skyline Seattles gehört zu den beliebtesten Fotopunkten der Stadt. Besonders populär ist der Blick durch die auf dem Kite Hill installierte Skulptur „Sundial".
- **Fremont** 23. Der Stadtteil Fremont ist bekannt für seine skurrilen Kunstobjekte. Zu den bekanntesten gehören die „Fremont Rocket", der „Fremont Troll" und „Waiting For The Interurban".
- **„Black Sun" im Volunteer Park** [G1]. Der japanische Künstler Isamu Noguchi erschuf im Jahre 1968 mit der „Black Sun" im Volunteer Park eines der bekanntesten Public-Art-Objekte in Seattle. Der Blick durch die schwarze Plastik auf die im Hintergrund zu sehende Space Needle taucht in vielen Fotobänden auf.

Skurrile Kunst – der Fremont Troll

Seattle für Genießer

Essen und Trinken

Seattles Aufstieg zu einer Metropole von Weltrang spiegelt sich nirgends derart ausgeprägt wider wie in der kulinarischen Entwicklung der letzten Jahre. Statt nur am profanen Burger mit Fritten laben sich die in der Zwischenzeit wohlhabend und anspruchsvoll gewordenen Seattleites an Wildlachs mit Couscous und Lobster mit Coconut Masala. Burger mit Fritten gibt es zwar immer noch (und zwar superleckere), doch gleich daneben auch die Riesenauswahl zwischen fast allen Küchen dieser Erde – von amerikanisch, asiatisch und afrikanisch bis europäisch.

Der schon von den Ureinwohnern geschätzte Fischreichtum des Pazifiks, das Wild, Gemüse und die Früchte aus den angrenzenden, ganzjährig das milde Klima genießenden Westküstenwälder beschert dem Großraum Seattle eine einzigartige Basis für kulinarischen Reichtum. Hinzu kommt die für die Stadt so charakteristische ethnische Vielfalt. Die mehr als ein Jahrhundert zurückreichende Einwanderung von Menschen aus europäischen und asiatischen Ländern hat dazu geführt, dass man hier so authentisch chinesisch, italienisch, koreanisch, spanisch oder indisch essen kann wie in den Ursprungsländern.

Besonderer Beliebtheit erfreut sich die **West Coast Cuisine**, eine Kombination aus in der Region vorhandenen Produkten (vornehmlich Fisch) mit asiatischen Einflüssen. Die international Ruf genießenden Chefköche der städtischen Edelrestaurants finden quasi „vor der Haustür" Seattles fast alles, was sie für ihre raffinierten Kreationen benötigen. Seattle genießt den Ruf, eine der besten Adressen für **Fusionsküche** in Nordamerika zu sein und gilt nach San Francisco als erste Gourmetadresse an der Westküste.

Das kulinarische Angebot ist derart flächendeckend, dass man in der ganzen Stadt immer in unmittelbarer Nähe ein Restaurant findet. Eine besondere Dichte an guten Lokalen findet sich in der Innenstadt mit dem Pike Place Market 9 als Epizentrum. Allein im diesem Gebäudekomplex haben sich mehr als 80 Restaurants angesiedelt, von denen einige zu den besten der Stadt zählen. Auch der historische Stadtteil Pioneer Square 16 beherbergt viele exzellente Restaurants und der besonders bei jungen und einkommensstarken Einwohnern beliebte Stadtteil Capitol Hill 19 hat sich in den letzten Jahren speziell als Heimat innovativer Restaurants einen Namen gemacht.

Die **Öffnungszeiten** liegen gewöhnlich zwischen 11.30 und 14.30 Uhr (Mittagessen) und 17.30 und 22 Uhr (Abendessen). Wenn überhaupt, ist normalerweise Montag Ruhetag. Generell gilt die Regel, je höher die Preiskategorie, desto empfehlenswerter ist eine **Reservierung**, vor allem an Wochenenden und Feiertagen. Reservierungen werden telefonisch oder über die jeweilige Website vorgenommen. In letzter Zeit gibt es allerdings immer mehr Lokale, die keine Reservierung akzeptieren. In

Gastro- und Nightlife-Areale

Bläulich hervorgehobene Bereiche in den Karten kennzeichnen Gebiete mit einem dichten Angebot an Restaurants, Bars, Klubs, Discos etc.

EXTRATIPP

Seattle Restaurant Week

An elf Tagen im Herbst beteiligen sich über 150 Restaurants in Seattle an diesem äußerst beliebten „Foodie Special". Für $ 35 werden 3-Gänge-Menüs serviert. Darüber hinaus bieten viele weitere auch 20-$-Lunches an. Hier hat man die Gelegenheit, in ansonsten kaum erschwinglichen Spitzenrestaurant zu erschwinglichen Preisen zu speisen. Kein Wunder, dass das Event inzwischen derart beliebt ist, dass man sich unbedingt frühzeitig anmelden muss. Weitere Infos unter https://srw.seattletimes.com.

diesem Fall bleibt einem nichts anderes übrig, als darauf zu hoffen, dass noch ein Platz frei ist. Falls nicht wird der Name mitsamt einer Handynummer auf einer Warteliste vermerkt und man wird per SMS informiert, wenn ein Tisch freigeworden ist.

Neben einem allgemeinen **Rauchverbot** gilt in fast allen Restaurants die Regel „**Wait to be seated**", man wartet also im Eingangsbereich, bis einem ein Tisch zugewiesen wird. Bezüglich der Essenspreise ist zu bedenken, dass auf den auf der Karte ausgewiesenen Preis automatisch 5 % **Steuern** zugeschlagen werden. Außerdem werden zwischen 15 und **20 % Trinkgeld** erwartet. Normalerweise addiert man es beim Bezahlen mit der Kreditkarte zur Rechnung, man kann es jedoch auch auf dem Tisch liegen lassen.

Die meisten Lokale bieten auf Büroangestellte zugeschnittene „**lunch specials**", die deutlich unter den Preisen für ein Abendessen liegen. In der Regel wird ungefragt und kostenlos **Leitungswasser** *(tab water)* auf den Tisch gestellt und ständig nachgeschenkt. Es kann bedenkenlos getrunken werden. Mineralwasser (*still* bzw. *sparkling mineral water*) ist hingegen kostenpflichtig, man ist jedoch nicht verpflichtet, ein anderes Getränk als das kostenlose Wasser zu bestellen.

Die für die Westküstenbewohner charakteristische, relaxte Unkompliziertheit hat den schönen Nebeneffekt, dass man sich bis auf wenige Ausnahmen um „korrekte" Bekleidung bei den meisten Restaurants keine Gedanken machen muss.

Amerikanisch

31 [A3] **Dick's Drive-In** $, 500 Queen Anne Ave. N, Tel. 2855155, www.ddir.com, geöffnet: tägl. 10.30–2 Uhr. Wenn schon einen Burger im „Feinkostladen Seattle", dann bitte auch gleich beim Klassiker und „local hero" Dick's Drive-In. Aber keine Sorge: Man kann natürlich auch drinnen sitzen. Seit den 1950er-Jahren servieren die über die ganze Stadt verteilten Filialen klassische amerikanische Burger mit Pommes und Ketchup.

32 [D6] **Ivar's** $$$, 1001 Alaskan Way, Tel. 4678063, www.ivars.com, geöffnet: tägl. 10–22 Uhr. Seit 1938 serviert man in diesem von dem schwedischen Einwanderer Ivar Hoglund gegründeten Lokal direkt an der Waterfront beim Pier 54 eine große Auswahl an Fisch- und auch einige Fleischgerichte. Man hat die Wahl zwischen einem kleinen Kiosk zur Uferstraße mit *Clam Chowder* (Muschel-

Preiskategorien

Die Kategorien beziehen sich auf den Preis für ein Hauptgericht ohne Getränke.

$	bis $ 15
$$	$ 15 bis $ 30
$$$	ab $ 30

044se-tb

suppe) und *Fish & Chips* oder einem großräumigen Restaurant mit Terrasse unmittelbar dahinter am Puget Sound.

33 [D6] **Lecosho** $$$, 89 University St., Tel. 6232101, www.lecosho.com, geöffnet: Mo–Fr 11–1 Uhr, Sa/So 15–1 Uhr. Im Herzen von Downtown gelegen, bietet das Lecosho klassisch amerikanische Küche in angenehmer Atmosphäre. Die Bandbreite reicht von *Pork Chops* und selbstgemachten Bratwürsten für Fleischliebhaber bis zu Ricotta Ravioli für Vegetarier.

34 [D5] **Matt's In The Market** $$$, 94 Pike Street, Tel. 4677909, www.mattsinthemarket.com, geöffnet: tägl. 11.30–14.30, 17.30–22 Uhr (Happy Hour 17–19 Uhr). Es gibt kaum einen besseren Ort, um moderne nordamerikanische Küche zu genießen, als bei Matt's im Herzen des legendären Pike Place Market. Das Mittagsmenü ist relativ klein mit langjährigen Klassikern wie dem *Catfish* und *Pulled Pork Sandwich.* Am Abend wird das serviert, was gerade saisonal frisch im Markt angeboten wird. Mit den Holzbalken unter der Decke und den großen Fenstern mit tollem Blick auf den Puget Sound und die Olympic Mountains wirkt Matt's tagsüber hell und freundlich, nach Sonnenuntergang ist es ein idealer Ort für ein romantisches Abendessen.

35 [C5] **Pike Place Chowder** $$, 1530 Pike Place, Tel. 2672537, www.pikeplacechowder.com, geöffnet: tägl. 11–17 Uhr. Die nicht enden wollenden Schlangen vor diesem Stehrestaurant in einer kleinen Gasse beim Pike Place sprechen Bände. Die acht hier servierten verschiedenen Variationen der sämigen Fischsuppe zählen zu den besten im ganzen Land.

36 [G3] **The Wandering Goose** $, 403 15th Ave. E, Tel. 3239938, www.thewanderinggoose.com, geöffnet: tägl. 7–16 Uhr. Kleines, privat geführtes Restaurant mit einer großen Auswahl an Frühstück und Klassikern der Südstaatenküche.

West Coast Cuisine

37 [cf] **Canlis** $$$, 2576 Aurora Ave. N, Tel. 2833313, www.canlis.com, geöffnet: Mo–Do 17.30–21.30, Fr/Sa 17–22 Uhr. Seit über 60 Jahren gilt das Canlis als Inbegriff für *fine dining* in Seattle. Die klassische, gepflegte Inneneinrichtung, die großartige Aussicht über Lake Union, Downtown Seattle und die

Lange Schlangen am Stand von Pike Place Chowder

Cascade Mountains und der exzellente Service sprechen für sich. Abendliche Pianomusik und die Kleiderordnung (keine Jeans, Herren mit Jackett) unterstreichen die gehobene Atmosphäre, die sich auch im Preis niederschlägt. Serviert wird feinste West Coast Cuisine.

38 [H2] **Monsoon Seattle** $$$, 615 19th Ave. E, Tel. 3252111, www.monsoonrestaurants.com, geöffnet: Mo–Fr 11.30–15, 17–22 Uhr, So 10–15 Uhr Brunch. Ungewöhnliche Mischung aus vietnamesischer und der Küche des Nordwestens. Im Sommer sitzt es sich sehr angenehm auf der Dachterrasse.

39 [bh] **Salty's** $$$, 1936 Harbor Ave., Tel. 253 9460636, www.saltys.com, geöffnet: So–Do 16.30–21 Uhr, Fr/Sa 16.30–21.30 Uhr. Was ist jetzt besser – die Fischgerichte oder der Ausblick? Wenn man diese Frage für sich selbst beantworten möchte, sollte man Salty's ansteuern, eine Institution am West Lake. Das seit über 30 Jahren hier ansässige Restaurant ist so legendär, dass hier schon der japanische Premierminister speiste. Wie wäre es mit dem *Lavender Honey Salmon* und einem Weißwein bei Sonnenuntergang mit Blick auf die Skyline von Seattle? Alle Produkte sind frisch aus dem Ozean und von lokalen Anbietern. Eigentlich geht es ja nicht besser, doch das *All-you-can-eat Seafood Brunch Buffet* (Sa/So) ist noch einmal eine Klasse für sich.

40 [E4] **Taylor Shellfish** $$$, 1521 Melrose Ave., Tel. 5014321, www.taylorshellfishfarms.com, geöffnet: So–Do 11–21, Fr/Sa 11–22 Uhr. „Since 1890" steht an den Fenstern der insgesamt drei Restaurants in Seattle. Und tatsächlich ist Taylor eine Institution für Fisch- und speziell Austern-Liebhaber. Dazu gibt es ausgezeichnete Weine.

41 [E7] **The London Plane** $$, 300 Occidental Ave. S, Tel. 6241374, www.thelondonplaneseattle.com, geöffnet: Mo–Sa 9–18, So 9–15 Uhr. Dieses freundliche, helle und lebendige Restaurant am schönen Occidental Square im historischen Viertel des Pioneer Square vereint einen Blumenladen, eine Bäckerei und ein Restaurant unter einem Dach. Neben köstlichem Kaffee und Backwaren gibt es eine gesunde, leichte und vornehmlich vegetarische Küche, die sich aus dem reichen kulinarischen Angebot des pazifischen Nordwestens bedient.

045se-tb

Europäisch

42 [E7] **Il Corvo** $$, 217 James St., Tel. 5380999, www.ilcorvopasta.com, geöffnet: Mo–Fr 11–15 Uhr. Die Schlange ist lang und die Speisekarte klein – immer ein gutes Zeichen. Dieser winzige Italiener ist so eine Art „everybody's darling", herrscht hier doch eine lebhafte, legere und freundliche Atmosphäre. Am besten kommt man früh, um einen der wenigen Tische zu ergattern. Nur mittags geöffnet, keine Reservierungen.

Eines der vielen Restaurants am Occidental Square [E7]

43 [G4] **Marmite** $$$, 1424 11th Ave., Tel. 7558606, www.marmiteseattle.com, geöffnet: Di–Fr 11–14.30, 17–22, Sa 10–15, 17–22, So 10–15 Uhr. Ebenso rustikales wie elegantes französisches Restaurant in Capitol Hill, das vor allem für seine ausgezeichneten Suppen bekannt ist. Darüber hinaus gibt es köstliche Fischgerichte und superleckere Fleischgerichte wie das *Lamb Brochette* (Lamm-Schaschlik).

44 [D6] **Place Pigalle** $$$, 81 Pike St., Tel. 6241756, www.placepigalle-seattle.com, geöffnet: So–Do 11.30–21.30, Fr/Sa 11.30–22 Uhr. Es fühlt sich französisch an und ist es auch. Das charmante Place Pigalle versteckt sich fast in einer Ecke des Pike Place Market. Serviert wird gehobene französische Küche mit Einflüssen des pazifischen Nordwestens. Alle Gerichte sind ebenso raffiniert wie authentisch. Zum Wohlfühlerlebnis trägt auch die schöne Aussicht bei (Fensterplatz reservieren).

45 [D5] **Serious Pie** $$, 316 Virginia St., Tel. 8387388, www.seriouspieseattle.com, geöffnet: tägl. 11–23 Uhr. Pizza geht immer, doch Serious Pie in Belltown ist ein echtes Erlebnis. Dünner, herrlich knuspriger Teig aus dem Holzofen mit hausgemachten Beilagen und frischen Kräutern. Wie es sich für eine echte Pizzeria gehört, ist die Atmosphäre gemütlich und lebhaft zugleich. Das buntgemischte Publikum sitzt an langen Gemeinschaftstischen.

46 [C5] **The Pink Door** $$$, 1919 Post Alley, Tel. 4433241, www.thepinkdoor.net, geöffnet: Mo–Do 10–23.30, Fr/Sa 11–1, So 16–22 Uhr. Bezaubernd, köstlich und unterhaltend – hinter der rosafarbenen Tür des ansonsten wenig einladenden, grauen Gebäudes nahe des Pike Place verbirgt sich eine höchst einladende Mischung. Zunächst einmal befindet sich hier eine der besten Trattorias von Seattle mit klassischen norditalienischen Gerichten in romantischem Ambiente. Sehr schön sitzt man zudem auf der Terrasse mit Blick über die Elliot-Bucht. Was einen Abend hinter der Pink Door jedoch einzigartig macht, sind die jeden Abend in dem hochgeschossigen Restaurant dargebotenen künstlerischen Vorführungen. Jazzmusiker sorgen für die akustische Untermalung und Magier verbreiten ihren Zauber. Sonntag- und Montagabend zeigen dann Trapezkünstler unter der hohen Decke ihre Künste. Am Samstagabend findet zudem in der Lounge eine Travestie-Show statt (separater Eintritt).

Internationale Küche

47 [be] **Cafe Munir** $$, 2408 NW 80th St., Tel. 7834190, geöffnet: Di–Do 17–21, Fr/Sa 17–22, So 16–20 Uhr. Kleines, in einer Seitengasse im Stadtteil Ballard „verstecktes" libanesisches Restaurant mit köstlichen Gerichten der Region. Man sollte unbedingt den Anisschnaps Arak, das Lieblingsgetränk der Libanesen, probieren.

48 [bh] **Marination Ma Kai** $$$, 1660 Harbor Ave. SW, Tel. 3288226, www.marinationmobile.com, geöffnet: Mo–Do 11–20, Fr/Sa 9–21, So 9–20 Uhr, mit dem Wassertaxi schnell zu erreichen (West Seattle Water Taxi Linie 973 vom Pier 50, Verlängerung des Yesler Way, bis Seacrest Park). Die ebenso ambitionierte wie gelungene Mischung aus hawaiianischer und koreanischer Küche ist ein großer Hit in Seattle. Sicherlich trägt auch die weiträumige Terrasse direkt am Wasser mit toller Aussicht auf Downtown zur Beliebtheit des Lokals bei.

49 [dh] **Meskel** $$, 2605 E Cherry St., Tel. 8601724, geöffnet: tägl. 11–24 Uhr. Dieses äthiopische Restaurant mit seiner großen Auswahl an köstlichen nordafrikanischen Gerichten verteilt sich auf drei Ebenen, wobei besonders die Terrasse im Sommer äußerst beliebt ist.

50 [G4] **Nue** $$, 1519 14th Ave., Tel. 2570312, www.nueseattle.com, geöffnet: So–Mi 10–22, Do 10–23, Fr–Sa 10–24 Uhr. Grünkohlsalat aus Syrien, burmesische *Laphet Toke* und *Mfongo* aus Puerto Rico – internationaler geht es nicht. Und dabei ist dies nur ein kleiner Ausschnitt der erdumspannenden Karte dieses angesagten Restaurants in Capitol Hill. Das Beste – die Vielfalt geht nicht auf Kosten der Qualität.

Asiatische Küche

51 [G4] **Adana** $$, 1449 E Pine St., Tel. 2945230, www.adanaseattle.com, geöffnet: So–Do 17–22, Fr/Sa 17–24 Uhr. Innovatives, modern gestaltetes japanisches Restaurant mit monatlich wechselnder Speisekarte. Ausgezeichnete Cocktails an der Bar.

52 [B4] **Green Leaf Vietnamese Restaurant** $, 2800 1st Ave., Tel. 4483318, www.greenleaftaste.com, geöffnet: tägl. 11–2 Uhr. Von den zahlreichen vietnamesischen Restaurants in Seattle ist dies eins der beliebtesten. Dabei ist es auf den ersten Blick leicht zu übersehen, deutet doch nur ein kleiner grüner Pfeil zu dem im Souterrain gelegenen Green Leaf. Leckere Suppen *(Pho)* mit den für die vietnamesische Küche so charakteristischen frischen Kräutern, köstliche Nudel- und Reisgerichte sowie knackige Salate, das alles in großen Portionen und zu günstigen Preisen. Dazu gibt es eine gute Auswahl an vegetarischen Gerichten. Und wen der späte Hunger überkommt – das Green Leaf ist bis 2 Uhr morgens geöffnet .

53 [E4] **Kedai Makan** $$, 1802 Bellevue Ave., Tel. 5562560, www.kedaimakansea.com, geöffnet: Mi–So 17–22 Uhr. Mit seinen Einflüssen aus China, Indien, Thailand und Indonesien gehört die Küche Malaysias zu den raffiniertesten Asiens. Das Kedai Makan nimmt seine Gäste mit köstlichen Gerichten auf eine kulinarische Reise durch den asiatischen Kontinent. Am besten man genehmigt sich dabei eins der zahlreichen zur Auswahl stehenden eiskalten Biere. Es werden keine Reservierungen angenommen, deshalb sollte man möglichst früh erscheinen, da es hier immer voll ist.

54 [F7] **Maneki** $$$, 304, 6th Ave. S, Tel. 6222631, www.manekirestaurant.com, geöffnet: Di–So 17.30–22.30 Uhr. Wer seit über 100 Jahren am gleichen Ort ein Restaurant betreibt, muss schon etwas ganz Besonderes zu bieten haben. Das seit 1904 (!) in Seattle ansässige Maneki ist mit seinen ebenso traditionellen wie innovativen Fischgerichten das bekannteste japanische Restaurant der Stadt.

55 [E7] **Nirmal's** $$$, 106 Occidental Ave. S, Tel. 6839701, www.nirmalseattle.com, geöffnet: Mo–Fr 11–14, 17.30–22, Sa 17.30–22 Uhr. Mit der warmen Beleuchtung, den dunklen Mahagonitischen und Backsteinwänden setzt das elegante Nirmal's den passenden Rahmen für seine exquisiten indischen Gerichte. Dabei reicht die Spannbreite von bengalischen Garnelen über die Straßenküche Mumbais bis zu den Coconut-Curry-Fischgerichten des Südens. Für Vegetarier bieten sich unter anderem die köstlichen *Thalis* an.

56 **Pop Pop Thai Street Food** $, 13242 Aurora Ave. N #104, Tel. 6952858, www.poppopthaistreetfood.com, geöffnet: Mo–Fr 11–21, Sa 12–21, So 12–20 Uhr. „Kochen wie bei Mama" ist so etwas wie das inoffizielle Motto dieses Restaurants. Von außen wirkt es völlig unspektakulär, im Inneren offenbart sich jedoch eines der besten Thai-Restaurants Seattles. Die beiden das Pop Pop führenden Brüder haben in der Tat von ihrer Mutter kreierte Köstlichkeiten zur Grundlage ihres innovativen Restaurants gemacht. Zwar gibt es auch Thai-Klassiker wie Papaya-Salat und *Tom Kha Khai,* aber wirklich raffiniert wird es bei der großen Auswahl an regionalen, im Westen kaum bekannten Spezialitäten.

Vegetarische Restaurants

57 [dg] **Cafe Flora** $$, 2901 E Maddison St., Tel. 3259100, www.cafeflora.com, geöffnet: Mo–Fr 9–22, Sa 9–14, 17–22, So 9–14, 17–21 Uhr. Das wohl bekannteste vegetarische Restaurant von Seattle überzeugt nicht nur mit seinem Atrium, sondern mit seiner ebenso vielfältigen wie ausgewogenen Speisekarte. Oaxaca Tacos sind ebenso ein langjähriger Klassiker wie die vegetarische Lasagne und die *Cinnamon Rolls*. Für ein vegetarisches Restaurant ungewöhnlich und dafür auch noch ausgezeichnet sind die hauseigenen Cocktails. Wem es hier so gut gefallen hat, dass er vor dem Heimflug noch einmal beim Flora essen möchte, kann dies in der Filiale im Sea-Tac Airport tun.

58 [G4] **Juicebox Cafe** $, 1517 12th Ave. #100, Tel. 6077866, www.juiceboxseattle.com, geöffnet: Mo–Fr 8–16, Sa/So 10–16 Uhr. Wie es der Name schon andeutet, ist das Juicebox vornehmlich für seine köstlichen Säfte bekannt. Darüber hinaus gibt es jedoch neben den täglichen Specials auch andere Dauerbrenner wie das indische *Daal*, ausgezeichnete Joghurts und Sandwiches.

59 [G4] **Plum Bistro** $$, 1429 12th Ave., Tel. 8385333, www.plumbistro.com, geöffnet: Mo–Do 11–21.30, Sa/So 10–22 Uhr. In diesem an der Ecke Pike und Pine Street in Capitol Hill gelegenen Bistro hat man die Auswahl zwischen Flatbread-Pizzen, diversen Burgern, Nudelgerichten (Sweet Pea Ravioli!) und ausgezeichneten Fruchtsäften. Wer sich für die Rezepte interessiert, kann das hauseigene Kochbuch erstehen. Zudem unterhält das Plum den ersten veganen Food Truck Seattles.

60 [ce] **Sunlight Cafe** $$, 604 9th Ave. NE, Tel. 52219060, geöffnet: Mo 8.30–15, Di–So 8.30–21 Uhr. Seattles ältestes vegetarisches Restaurant serviert seit mehr als 40 Jahren vegetarische und glutenfreie Gerichte. Das Angebot reicht von Tempeh-Burgern über vegetarische Lasagne bis zur Sesamwaffel mit Ahornsirup zum Frühstück. Köstlich in diesem immer noch „Hippie Feeling" verbreitenden Café ist auch das selbstgemachte Brot. Während der Sommertage sitzt es sich im Freien besonders schön.

61 [F8] **World Pizza** $, 672 S King St., Tel. 6824161, www.worldpizzaseattle.com,

Smoker's Guide

Gemäß dem „Washington Indoor Clean Air Act" von 1981 darf weder am ***Arbeitsplatz*** *noch in* ***öffentlichen Gebäuden*** *geraucht werden. Man muss mind. 8 m von einem öffentlichen Eingang, Fenster oder Ventilationssystem entfernt sein. Auch in städtischen und anderen* ***Parks*** *ist Rauchen aller Art – Tabak, E-Zigaretten, Marihuana und Wasserpfeifen – verboten. Der Erwerb und Konsum von Tabak etc. sind erst ab 21 Jahren erlaubt.*

Dafür gibt es in Seattle viele Restaurants, Kneipen und Bars mit Outdoor Patio (Sitzareal im Freien), wo das Rauchen (kein Cannabis!) erlaubt ist. Solche Orte erkennt man im Allgemeinen leicht an Aschenbechern auf den Tischen. Auch „Smoke Shops" (Tabakläden) sind Anlaufpunkte für Raucher.

Seit 2015 ist ***Marihuana*** *im Staat Washington in sogenannten „Dispensaries"* ***frei verkäuflich.*** *Sie tragen oft kreative Namen und sind mit einem grünen Kreuz markiert.*

geöffnet: Mo–Do 10–21, Fr/Sa 10–22 Uhr. Vegetarische Pizzen in großer Auswahl bietet dieses noch von den Tagen der Grunge-Periode zeugende kleine Restaurant mit seiner Vintage-Inneneinrichtung. Der Name „World Pizza" ist hier Programm, scheint doch der Auswahl an Pizzakombinationen keine Grenzen gesetzt. Der hauseigene Klassiker ist die scharfe Peperoni-Pizza.

Kinderfreundliche Lokale

62 [D5] **Café Nordstrom** $, 500 Pine Street, Tel. 6282111, geöffnet: Mo–Fr 9.30–20, Sa 10–20, So 10.30–18 Uhr. Dieses Restaurants im Obergeschoss einer Edelshoppingmall im Stadtzentrum eignet sich besonders für einen Besuch mit den Kids. Für Kinderwagen steht eine Menge Platz zur Verfügung, Hochsitze und Malhefte sorgen für Abwechslung. Kinderfavoriten sind Pizzen, Nudelgerichte und Sandwiches. Ideal für einen kleinen Stopp während der Einkaufstour.

63 [bf] **Peddler Brewing Company** $$, 1514 NW Leary Way, Tel. 3620002, www.peddlerbrewing.com, geöffnet: Mi–Fr 16–22, Sa 11–23, So 11–20 Uhr. Eine kinderfreundliche Bar in Nordamerika – das gibt es eigentlich gar nicht, doch die vielen Familien mit Kindern an den Tischen beweisen, dass dies bei Peddler Brewing Company in Ballard der Fall ist. Bestellt wird an den bereitstehenden Food Trucks, wobei immer auch etwas für die Kleinen dabei ist – wie wäre es mit Eiscreme? Und dann ab in den Biergarten mit angeschlossener „Kid's area". Im Sommer gibt's dort jeden Donnerstagabend Open-Air-Kino.

64 [bg] **Provisions** $$, 1935 Queen Anne Ave. N, Tel. 9466636, www.edenhill provisions.com, geöffnet: tgl. 11–15, 17–22 Uhr. Mit seiner ungezwungenen Atmosphäre in einem modernen Ambiente, einer ausgewogenen Mischung aus Fisch-, Fleisch- und vegetarischen Gerichten sowie einem eigenen „Kid's Menu" hat sich das Provisions im Stadtteil Queen Anne schnell zu einer der beliebtesten Restaurantadressen entwickelt. Und das nicht nur für Familien mit Kindern.

65 [be] **The Dane** $$, 8000 15th Ave. NW, Tel. 2974441, www.thedaneseattle.com, geöffnet: Mo/Di 8–10, Mi–Sa 8–11, So 8–20 Uhr. Spielecke mit Spielzeug, Brettspielen und Büchern, Kindermusik – nein, das ist kein Kindergarten, sondern ein Restaurant/Pub in Ballard. Dazu gibt es eine gute Auswahl an leckeren Sandwiches und hervorragenden Espresso.

67 [H2] **Vios Cafe & Marketplace** $, 903 19th Ave. E, Tel. 3293236, www.vios cafe.com, geöffnet: Di–Sa 11–20 Uhr. Ursprünglich von einem alleinerziehenden Vater gegründet, hat sich das Vios zum beliebtesten Familienrestaurant in Capitol Hill entwickelt. Im Mittelpunkt steht die Küche des Mittelmeers. Kinder können im durch eine Scheibe vom Hauptraum getrennten „Kiddies Corner" spielen.

Cafés

68 [E7] **Caffe Umbria,** 320 Occidental Ave. S, Tel. 6245847, www.caffeumbria.com, geöffnet: Mo–Fr 6–18, Sa 7–18, So 8–17 Uhr. Seattleites, die etwas von der Kunst des Kaffeeröstens verstehen, wissen, dass nicht Starbucks, sondern die Bizzarri-Familie synonym für das Kaffeeparadies Seattle stehen. Es war hier, am historischen Centennial Square, wo die Familie Bizzarri aus Perugia ihr erstes Café auf nordamerikanischem Boden eröffnete. Mit seinen 15 verschiede-

In der Heimat von Starbucks finden sich fast an jeder Ecke Cafés

nen Sorten Kaffee, köstlichen Backwaren, Panini, Gelato, Bier und Wein hat man auch heute noch beim Betreten des Lokals das Gefühl, ein Stück Norditalien zu erleben.

69 [B3] **La Marzocco,** 472 1st Ave. N, Tel. 3883500, www.lamarzoccousa.com, geöffnet: Mo–Fr 7–18, Sa/So 8–18 Uhr. Mindestens so sehr ein Kaffeemuseum wie ein Ort, um sich an der Kunst des Kaffeebrauens zu erfreuen, ist das in den Räumen einer lokalen Radiostation untergebrachte La Marzocco. Kaffeeröster aus der ganzen Welt kommen hierher und führen den Kunden ihre Künste vor. Das Ganze ist nicht nur hochinformativ, sondern auch noch „fun".

70 [D4] **Mr West Cafe Bar,** 720 Olive Way, Tel. 9009378, www.mrwestcafebar.com, geöffnet: Mo–Fr 7–21, Sa/So 8–15 Uhr. Beim Betreten des Cafés hat man den Eindruck, in eine Filmkulisse zu treten. Mit seinem coolen 1950er-Jahre-Design zählt es zu den angesagtesten und elegantesten Kaffeehäusern Seattles. Neben allen Arten von Kaffee gibt es hier auch tolle Sandwiches, Snacks und Cocktails.

71 [E4] **Starbucks Reserve Roastery,** 1124 Pike St., Tel. 6240173, www.starbucksreserve.com, geöffnet: tägl. 7–23 Uhr. Ist ja klar, ein Starbuck-Café in der Heimatstadt des weltweiten Marktführers darf hier natürlich nicht fehlen. Doch anstatt sich in die nicht enden wollende Reihe der Selfie-Süchtigen am originalen, ersten Starbucks-Café im Pike Place einzureihen, sollte man sich lieber auf den Weg ins wirkliche Flaggschiff des Kaffeeriesen nach Capitol Hill machen. Hier sieht man, dass Starbucks nicht nur Geld, sondern auch kreativen Geschmack hat. In diesem großen, lichtdurchfluteten Kaffeeschrein mit seinen kupfern glänzenden Kesseln werden vor Ort die besten Kaffeemischungen geröstet – und getrunken. Angeschlossen ist die ausgezeichnete Bäckerei Princi.

72 [E4] **Victrola Coffee Roasters,** 310 Pike St., www.victrolacoffee.com, geöffnet: Mo–Fr 6.30–20, Sa/So 7.30–20 Uhr. Von den inzwischen vier Filialen dieses bekannten Cafés ist die an der Pike Street in Beacon Hill die empfehlenswerteste, weil in diesem 100 Jahre alten Backsteingebäude jeden Mittwoch um 11 Uhr auch noch interessante Gratiskurse zur Kunst der Kaffeeherstellung abgehalten werden.

73 [E7] **Zeitgeist,** 171 S Jackson St., www.zeitgeistcoffee.com, Tel. 5830497, geöffnet: Mo–Fr 6–19, Sa 7–19, So 8–18 Uhr. Angesagtes Hipster-Café am Rande der Altstadt mit guten Backwaren.

048se-tb

EXTRATIPPS

Für den späten Hunger

Die meisten Restaurants in Seattle schließen spätestens um 22 Uhr, dennoch gibt es eine Reihe von Alternativen, in denen man auch noch bis Mitternacht oder darüber hinaus essen kann.

- **74** [G6] **Ba Bar** $, 550 12th St., Tel. 3282030, www.babarseattle.com, geöffnet: Mo–Do 11–2, Fr/Sa 11–4 Uhr. Ausgezeichnetes südostasiatisches „Street Food" in gemütlichem Ambiente in Capitol Hill. Drei weitere Filialen.
- **75** [E4] **Li'l Woody's** $$, 1211 Pine St., Tel. 4574148, www.lilwoodys.com, geöffnet: Mo–Do 11–23, Fr/Sa 11–3, So 11–22 Uhr. Was gibt es am Ende eines durchzechten Abends Besseres als einen Burger? Wahrscheinlich gibt es Gesünderes, doch der Burgerladen in Capitol Hill ist gerade am Wochenende immer voll mit Hangover-Geschädigten.
- **76** [D4] **Palace Kitchen** $$, 2030 5th Ave., Tel. 4482001, www.palacekitchen.com, geöffnet: tgl. 11–2 Uhr. Das vielleicht beste Beispiel, dass in Seattle Restaurants, die bis spät geöffnet haben, nicht zwangsläufig von mittelprächtiger Qualität sind. Das von Gastronomie-König Tom Douglas betriebene Palace Kitchen wartet nicht nur mit einer tollen Karte, sondern auch einer „Late Night Happy Hour" mit leckeren reduzierten Snacks auf.
- **77** [C4] **Rocco's,** 2228 2nd St., Tel. 4482625, www.roccosseattle.com, geöffnet: tgl. 11–2 Uhr. Gute Kneipe/Bar mit lebhafter Atmosphäre und leckeren Pizzen.
- **78** [C6] **Zig Zag Cafe,** 1501 Western Ave., Tel. 6251146, www.zigzagseattle.com, geöffnet: tgl. 11.30–2 Uhr. Unscheinbares Lokal beim Pike Place mit solider Küche und ausgezeichneten Cocktails, das gut für ein Late Dinner geeignet ist.

Lokale mit Aussicht

Wer feine Küche mit großartiger Aussicht kombinieren möchte, hat die Auswahl zwischen einigen sehr guten Adressen. Die meisten befinden sich in den Vororten.

- **79** [df] **Agua Verde Paddle Club** $$, 1307 NE Boat St., Tel. 5458570, www.aguaverde.com, geöffnet: Mo–Fr 12–19, Sa 10–19, So 10–18 Uhr. Nach einer besinnlichen Kajaktour auf dem Lake Union gibt nichts Besseres, als im direkt am See gelegenen Café des Agua Verde Paddle Club die köstlichen Cocktails und mexikanisches Essen inklusive der Aussicht auf Seattle zu genießen.
- › **Canlis** (s. S. 67). Die seit Jahrzehnten beste Adresse für Fine Dining in Seattle bietet gleichzeitig eine herrliche Aussicht.
- › **Marination Ma Kai** (s. S. 69). Toller Blick über die Elliott Bay auf Seattle.
- **80** [D3] **Mbar** $$$, 400 Fairview Ave. N, Tel. 4578287, www.mbarseattle.com, Mo–Do 16–22, Fr 16–23, Sa 17–23, So 17–22 Uhr. Im Dachterrassenrestaurant am Lake Union hat man die Qual der Wahl. Was soll man mehr genießen, die Fusionsküche mit italienischen, spanischen und arabischen Einflüssen oder die tolle Aussicht auf Space Needle, Lake Union und Capitol Hill? Die Antwort ist natürlich einfach – beides.
- **81** [cf] **Westward** $$$, 2501 N Northlake Way, Tel. 5528215, www.westwardseattle.com, geöffnet: Mo–Fr 17–21.30, Sa 10–22, So 10–21 Uhr. Man hat die Wahl zwischen Strandstühlen am Lake Union mit einem Cocktail oder Wein in der Hand oder einem Platz auf der Terrasse und köstlichen Mittelmeer-Fischgerichten.

› *Ideal für ein leckeres, günstiges Mahl im Freien – Food Trucks*

Essen auf Rädern – Seattles beste Food Trucks

Wie überall in den USA sind auch in Seattle Food Trucks ein großer Renner. Die folgenden Trucks sind besonders empfehlenswert. Die aktuellen Standorte sind auf den Websites oder unter **www.seattlefoodtruck.com** abrufbar.

- **Bomba Fusion Food Truck,** http://bombafusion.com. Klassische Fusionsküche mit koreanischen Tacos.
- **El Camion,** www.elcamionseattle.com. Erstklassische Tacos, die in acht verschiedenen Fleischvarianten zur Auswahl stehen.
- **Marination Station,** www.marinationmobile.com. Der originale Food Truck aus dem ein inzwischen berühmtes Restaurant gleichen Namens hervorgegangen ist, serviert die ebenso ungewöhnliche wie superleckere koreanisch-hawaiianische Fusionsküche.
- **Saffron Spice Food Truck,** http://saffronspiceseattle.com. Samosas, Currys, Lassis – klassische indische Küche zu kleinen Preisen.
- **Kaosamai Food Truck,** https://kaosamai.com. Bunter Essenswagen mit Klassikern der Thai-Küche.
- **Where Ya At Matt,** www.whereyaatmatt.com. Leckere Cajun- und kreolische Gerichte aus dem Süden der USA.

047se-tb

Seattle am Abend

Klassische Musik, Comedy, Tanz, Livemusik, Folk, Blues, Jazz, Grunge – you name it, Seattle has it. Wie nicht anders zu erwarten bei einer Millionenstadt mit Tausenden vergnügungssüchtiger und spendierfreudiger junger Leute, gehört Seattle nach San Francisko und Los Angeles zu den Städten mit dem abwechslungsreichsten Nachtleben an der Westküste der USA.

Für fast alle Größen der internationalen Musikszene ist Seattle selbstverständlicher Bestandteil ihres Tourneekalenders. So bietet sich hier fast ganzjährig die Möglichkeit, Künstler ersten Rangs live zu erleben.

Nicht vergessen sollte man auch die zahlreichen kleineren, häufig in den Stadtteilen angesiedelten Aufführungsstätten. Hier treten zwar keine international bekannten Stars auf, doch dafür bietet sich die Möglichkeit, für vergleichsweise wenig Geld einen Einblick in die Vielfalt und hohe Qualität der nach wie vor sehr lebendigen Musikszene Seattles zu erhalten.

Veranstaltungsorte

83 [D6] **Benaroya Hall,** 200 University St., Tel. 2154800, www.seattlesymphony.org. Das klassische Konzerthaus im Zentrum der Innenstadt ist Heimat des Sinfonieorchesters von Seattle. Neben dem Hauptsaal mit 2500 Sitzplätzen befindet sich auch eine zweiter Aufführungssaal mit gut 500 Sitzplätzen im Haus. Außer Auftritten der Philharmoniker gibt es andere klassische Konzerte, Jazz- und Ballettvorführungen.

84 [E8] **CenturyLink Field,** 800 Occidental Ave. S, Tel. 5555555, www.centurylinkfield.com. Das riesige Sportstadion

049se-tb

EXTRATIPP

Tickets

- **Captain Ticket,** Tel. 800 4224002, www.captainticket.com. Von internationalen Superstars bis lokalen Bands, vom Sporthit bis zum Museumsticket ist bei dem Spezialisten für Discount-Tickets alles im Angebot.
- **Epic Seats,** www.epicseats.com. Auf Eintrittskarten für Sportveranstaltungen spezialisierte Agentur aus Seattle.

am Rande der Innenstadt ist nicht nur Heimat der Seattle Seahawks und der Seattle Sounders, sondern auch Veranstaltungsort für Freiluftkonzerte internationaler Stars wie Beyoncé, Bruce Springsteen und die Rolling Stones.

Seattle verfügt über eine Reihe von geschichtsträchtigen Konzerthallen

85 [C5] **Moore Theatre,** 1932 2nd Ave., Tel. 6821414, www.stgpresents.org. In dem ältesten sich noch in Betrieb befindlichen Theaterhaus aus dem Jahr 1907 finden Theateraufführungen, Musicals, Variety Shows und Lesungen abgehalten. Das 1800 Besuchern Platz bietende Haus wurde stilgerecht restauriert.

86 [E5] **Paramount Theatre,** 911 Pine Street, Tel. 6821414, www.seattle-theatre.com. Zusammen mit dem Moore Theatre gehört das historische Paramount im Herzen von Downtown zu den geschichtsträchtigsten Veranstaltungsorten in Seattle. In dem 3000-Sitzplatz-Theater finden neben Musicals auch Rock- und Popkonzerte statt.

87 [D6] **Triple Door,** 216 Union St., Tel. 8384333, www.thetripledoor.net. Das in einem historischen Bau in der Innenstadt beheimatete Theater veranstaltet vornehmlich Dinner-Shows und Konzerte in einem gepflegten Ambiente.

Bars und Pubs

88 [C5] **Bathtub Gin & Co.,** 2205 2nd Ave., Tel. 7286069, geöffnet: tgl. 17–2 Uhr, www.bathtubginseattle.com. Die im Untergeschoss eines historischen Gebäudes untergebrachte Bar erinnert mit ihrer warmen Beleuchtung und den Backsteinwänden an die Zeit der Prohibition. In der gemütlichen Atmosphäre hat man die Auswahl zwischen einer Vielzahl an Weinen, Cocktails und natürlich Gin. Die Badewanne gibt es übrigens wirklich – als Miniaturausgabe auf der Theke.

89 [C5] **Old Stove Brewing,** 1901 Western Ave. NW, Tel. 6026120, www.oldstove.com, geöffnet: Mo–Fr 11–22, Sa/So 10–22 Uhr. Glänzende Betonböden, lange Holzbänke, große, sich im Sommer gänzlich zum Patio öffnende Glasfronten und das alles im Anbau des Pike Place Market mit Ausblick auf die Elliott Bay – kein Wunder, dass sich Old Stove Brewing in kurzer Zeit zu einem der beliebtesten Pubs in Downtown Seattle entwickelt hat. Besonders schön am späteren Nachmittag.

90 [F4] **Redhook Brewlab,** 714 Pike St., www.redhook.com, geöffnet: Mo–Mi 15–22, Do 15–21, Fr 15–24, Sa 12–24, So 12–22 Uhr. Eines der angesagtesten Brauhäuser befindet sich im historischen Pike-Motorworks-Gebäude in Capitol Hill. Redhook ist eine der erfolgreichsten Brauereien des Nordwestens und bietet in seinem tollen Brauhaus jede Woche wechselnde Biersorten an. Dazu gibt es eine ausgezeichnete Küche, ausgelassene Stimmung, zwei große Patios und Livemusik.

91 [B2] **Solo Bar & Eatery,** 200 Roy St., Tel. 2130080, www.solo-bar.com, geöffnet: tägl. 16–2 Uhr. Stilvoll eingerichtete Bar in Queen Anne mit wechselnden Kunstausstellungen, dazu eine reiche Bier-, Wein- und Cocktailauswahl sowie Veranstaltungen wie Kabarett- und Filmvorführungen.

92 [G4] **Unicorn,** 1118 E Pike St., Tel. 3256492, geöffnet: Mo–Fr 2–1.45, Sa/So 11–1.45 Uhr, www.unicornseattle.com. Bunt, laut, gute Stimmung, tolle Biere und Cocktails, dazu richtig gute Snacks – Capitol Hills Top-Bar ist zu Recht eine der beliebtesten in Seattle.

050se-tb

Livemusik

93 [cf] **Fremont Abbey,** 4272 Fremont Ave., Tel. 41482325, www.fremontabbey.org. Auf den zwei kleinen, aber schnuckeligen Bühnen der ehemaligen Klosterabtei treten vornehmlich Liedermacher und Accoustic Bands auf.

94 [F4] **Neumos,** 925 Pike St., Tel. 7099442, www.neumos.com. Bekannte Rockbands des Nordwestens, aber auch „Newcomer“ aus Seattle spielen in dem gut 600 Besuchern Platz bietenden Haus in der Innenstadt. Vornehmlich Stehplätze und ein kleiner Dance Club im Untergeschoss.

95 **The Royal Room,** 5000 Rainier Ave., Tel. 9069920, www.theroyalroomseattle.com. Klassischer Jazzklub mit täglichen Liveauftritten im Stadtteil Columbia City. Neben Jazzmusikern treten hier auch Funk-, Soul- und R&B-Künstler auf.

96 [D6] **The Showbox,** 1426 1st Ave., Tel. 6283151, www.showboxpresents.com. Duke Ellington, Pearl Jam, Maroon 5, Billy Idol, Lady Gaga – das 1934 am Pike Place eröffnete Soapbox ist Teil der Rock- und Popgeschichte Seattles und eine echte Institution. Das gut 1000 Besuchern Platz bietende Art-déco-Haus ist mit fast täglichen Pop-, Rock-, Jazz- und Avantgarde-Konzerten nach wie vor ein integraler Bestandteil der städtischen Musikszene.

97 [bf] **Tractor Tavern,** 5213 Ballard Ave., Tel. 7893599, www.tractortavern.com. Einige der angesagtesten Folk-,

In der Starbucks Reserve Roastery (s. S. 73) kann man außer diversen Kaffeekreationen auch Cocktails genießen

Grunge – Soundtrack einer Generation

Am 5. April 1994 geht ein junger Mann mit langen, strähnigen blonden Haaren und zerrissenen Jeans in das Gewächshaus seines Grundstückes in Seattle, nimmt Heroin und erschießt sich. Der Schuss traf sinnbildlich eine ganze Generation.

Kurt Cobain war als Sänger der Band Nirvana schon damals weltbekannt und ist seitdem zu einer Legende geworden. Die Musik Nirvanas war Anfang der 1990er-Jahre zum Soundtrack einer verstörten Generation geworden. Ihr in Seattle geborener Stil hieß „Grunge" (Schmutz) und war eine völlig neue, geradezu wütende Mischung aus aggressivem Punkrock, Metal und melodiösen Elementen. Mit Songs über zerbrochene Liebe, Gewalt, Drogen und Hoffnungslosigkeit spielten sie sich zu den Wortführern einer desillusionierten Generation. Vorher handelte Rockmusik fast ausschließlich von Liebe und harten Männern, gesungen von zu Göttern verklärten und von der Musikindustrie auf Hochglanz polierten Superstars. Kurt Cobain und Nirvana waren so ziemlich das genaue Gegenteil davon. Mit Jeans, Holzfällerhemden und zerzausten Haaren wirkten die Jungs, als seien sie aus irgendeinem Studiokeller oder einer Garage auf die Bühne gestolpert. Und irgendwo war es ja auch so.

Tatsächlich waren gerade einmal sieben Jahre vergangen, seit Nirvana im Jahr 1987 von den beiden Schulfreunden Kurt Cobain und Krist Novoselić gegründet wurde. Im gleichen Monat gab die Band, damals noch unter dem Namen Ted Ed Fred, ihr erstes öffentliches Konzert - vor zehn Zuschauern. Aller Anfang ist schwer.

Am 19. März 1988 spielte sie zum ersten Mal unter dem Namen Nirvana. Im August des gleichen Jahres erschien schließlich das Debütalbum „Bleach". Vorher ging die Band auf eine erste US-Tournee durch kleine Klubs und Bars. Auch hier waren es im Schnitt maximal ein paar Hundert Fans, die der nur unter absoluten Insidern bekannten Band zuhörten.

051se-tb

Im August 1991 trat Nirvana auf einer Tournee durch Europa als Vorgruppe der mit ihnen befreundeten Band Super Sonic auf. Im Rückblick war dies wohl die glücklichste Zeit in ihrer Karriere. Noch unbeschwert von den Anforderungen des profithungrigen Starlebens spielten sie voller Begeisterung und mit einer beneidenswerten Naivität ihre nur wenige Monate später zu Welthits werdenden Songs. Zum ersten Mal mit ihrem neuen Schlagzeuger Dave Grohl auftretend, begeisterten sie mit ihren unverbrauchten und ehrlichen Songs die jungen Fans.

Nur wenige Wochen nach ihrer Rückkehr in die USA war nichts mehr wie zuvor. Am 10. September 1991 wurde der Titel „Smells Like Teen Spirit“ als Single veröffentlicht. Das zugehörige Album „Nevermind“ erschien zwei Wochen später. Bereits wenige Wochen danach folgte die Verleihung der Platin-Schallplatte für eine Million verkaufter Exemplare. Am 11. Januar 1992 stieg „Nevermind“ an die Spitze der US-Album-Charts und verdrängte damit den absoluten Superstar der Pop-Industrie Michael Jackson mit seinem Album „Dangerous“. „Smells Like Teen Spirit“ war damals bereits auf Platz 6 der US-Single-Charts gestiegen und erhielt am 1. April 1992 Platin.

Der Grunge veränderte alles. Die amerikanische Musikszene wurde neu definiert und jede Version alternativer Musik in die Verwertungsmaschinerie gesogen. Besonders der Musikvideo-Sender MTV prägte die Hörgewohnheiten. Im Fahrwasser des Grunge öffneten sich Märkte für alle vorher marginalisierten Unter-Genres. Mit Nirvanas „Nevermind“ und den Alben der Gruppen Pearl Jam („Ten“) und Soundgarden („Badmotorfinger“) schoss der Alternative-Rock in die Hitparaden.

Die Band gab der Orientierungslosigkeit einer Generation Ausdruck, die nichts mit den kapitalistischen Träumen ihrer Eltern anfangen konnte. Die Musiker, die so sehr mit dem eigenen Ruhm haderten, wurden zu Identifikationsfiguren. Drogen, Suizid und Vergewaltigung oder ein verzweifeltes Dasein in einer Welt voller kaputter Familien waren wiederkehrende Themen in den Texten.

Cobains Selbstmord im Jahr 1994 war letztlich nur der traurige Beweis dafür, dass die in seinen Texten immer wieder angesprochenen Themen wie Selbstzweifel, Verachtung der Kommerzialisierung des Lebens und Drogenkonsum weit mehr als massentaugliche Anbiederung waren. Cobain war weder willens noch in der Lage, den Widerspruch zwischen Mainstream-Verweigerung und Rockstar-Dasein zu bewältigen. „I am buried up to my neck in contradictionary lies“, sang er in „Very Ape“.

In genau dieser „Geradlinigkeit“ liegt denn auch das Erbe des Grunge. Anstatt oberflächlicher, nur auf schnellen Kommerz orientierter Songs hinterließ die von Cobain stark geprägte Musikrichtung Texte, welche die Zerbrechlichkeit der menschlichen Seele widerspiegeln.

◁ Coole Installation im Museum of Pop Culture 5

Bluegrass-, Country- und Indie-Bands treten in diesem typisch amerikanischen Musiktheater in Ballard auf. Ein idealer Ort, um abseits der Innenstadt für wenig Geld (Tickets zwischen $ 15–35) einen Einblick in die vielfältige Musikszene Seattles zu bekommen.

Klubs und Discos

98 [E4] **Kremwerk,** 1809 Minor Ave. #10, Tel. 6822935, www.kremwerk.com, geöffnet: Mo, Mi–Sa 19–2, So 22–2 Uhr. Dance Club mit DJs, Stand-up Comedy und Burlesque-Shows in einem ultra-coolen Kellergebäude.

99 [E3] **LO-FI Performance Gallery,** 429 Eastlake Ave. E, Tel. 2542824, www.thelofi.net, geöffnet: tägl. 21–2 Uhr. Kleinere Disco mit vornehmlich Rock-, Hip-Hop und Psychedelic-Musik. Hier kommt es weniger auf das Äußere an, dafür wird richtig abgetanzt.

100 [F4] **Q Nightclub,** 1426 Broadway, Tel. 4329306, www.qnightclub.com, geöffnet: Do–Sa 22–2 Uhr. Klassischer Nachtklub mit modernster Soundtechnik, der sich über mehrere Etagen erstreckt.

101 [E4] **Re-Bar,** 1114 Howell St., Tel. 2339873, www.rebarseattle.com, geöffnet: Mo–Do 17–24, Fr–So 18–3. Seit seiner Eröffnung im Jahre 1990 gilt die Re-Bar als Sammlungspunkt der alternativen Kunstszene und der LGBT-Gemeinde. Hier spielte schon Nirvana und heute fungiert das Haus als Mischung aus Disco, Kunstgalerie und Veranstaltungsort.

102 [E4] **The Baltic Room,** 1207 Pine St., Tel. 6254444, www.balticroom.com, geöffnet: Di 21–24, Fr/Sa 20–4, So 21–2 Uhr. Seattles selbsternannter „Most Iconic Nightclub“ spielt die angesagtesten Hits der Saison. Die Bandbreite reicht von Reggae bis EDM, von Hip-Hop bis House.

Seattle für Shoppingfans

Wie jede andere Metropole mit einer kaufkräftigen, konsumfreudigen Bevölkerung und jährlich Hunderttausenden von Touristen bietet Seattle ein großes Angebot an Einkaufsmöglichkeiten.

Epizentrum ist auch hier wieder der **Pike Place Market** 9 mit seinen 200 Geschäften und Ständen. Neben der von Einheimischen wie Touristen meistfrequentierten Shoppingmeile zwischen Pike Place und 6th St. bieten sich für den etwas ausgefalleneren Geschmack die diversen **Neighbourhoods** mit ihren individuelleren Geschäften und Boutiquen an. Im Altstadtviertel des Pioneer Square 16, und hier besonders im Bereich des **Occidental Square** [E7], findet sich eine gute Auswahl an Kunstgalerien.

Malls, die großen Einkaufszentren, von denen mit dem Pacific Place und dem Westlake Center zwei im Stadtzentrum angesiedelt sind, bieten nach dem Motto „If we don't have it, you don't need it“ eine Riesenauswahl unter einem Dach an. Besonders beliebt sind die Malls während der in Seattle nicht gerade seltenen Regentage.

Die Stadtteile Ballard und Capitol Hill beherbergen eine große Anzahl von individuellen **Kunstgalerien.**

> **Shoppingareale**
> Die wichtigsten Shoppingbereiche der Stadt sind im Kartenmaterial mit einer rötlichen Fläche markiert.

Gemüsestand im Pike Place Market 9

Food Halls, Märkte und Feinkost

103 [D5] **IGA Foodliner,** 1423 3rd Street, Tel. 7499500, www.iga.com, geöffnet: tägl. 7–22 Uhr. Einer der wenigen Lebensmittelmärkte in der Innenstadt, große Auswahl und Essenstheke.

104 [B2] **Metropolitan Market,** 100 Mercer St., Tel. 9370551, www.metropolitan-market.com, geöffnet: 24 Std. täglich. Großer Edelsupermarkt mit ausgezeichneten Lebensmitteln. Frischer Fisch, Käsetheke, Fleischerei, ein fabelhafter Deli, eine Bäckerei und angeschlossenes Restaurant mit köstlichen, vorgefertigten Speisen. Mehrere Filialen.

105 [E8] **Uwajimaya,** 600 5th Ave. S, Tel. 6246248, www.uwajimaya.com, geöffnet: tägl. 8–22 Uhr. Kleine, auf den Großraum Seattle beschränkte Supermarktkette, die sich auf asiatische Lebensmittel spezialisiert hat.

106 [D4] **Whole Foods Market,** 2210 Westlake Ave., Tel. 6219700, www.wholefoodsmarket.com, geöffnet: tägl. 7–22 Uhr. Auf organische Lebensmittel spezialisierter Supermarkt.

Malls und Kaufhäuser

107 **Bellevue Square Mall,** 575 Bellevue Way NE, www.bellevuecollection.com, geöffnet: Mo–Sa 9.30–21.30, So 11–19 Uhr. Die Bellevue Square Mall ist eine der größten Malls in Seattle mit Hunderten von Läden. Zudem verfügt das Haus auch über eine große Auswahl an Restaurants.

108 [D5] **Pacific Place,** 600 Pine St., Tel. 4052655, www.pacificplaceseattle.com, geöffnet: Mo–Sa 10–20, So 11–19 Uhr. Hochklassiges Einkaufscenter im Zentrum von Seattle. Das sich über fünf Stockwerke erstreckende Haus führt alle bekannten Marken. Im Obergeschoss finden sich zudem ein Kino und mehrere Restaurants.

109 [D5] **Westlake Center,** 400 Pine St., Tel. 4671600, www.westlakecenter.com, geöffnet: Mo–Sa 10–20, So 11–18 Uhr. Viergeschossiges Einkaufszentrum mit bekannten Marken. Das Westlake Center ist auch An- und Abfahrtstelle der Monorail vom und zum Seattle Center.

052se-tb

Bücher

110 [D5] **Left Bank Books,** 92 Pike St., Tel. 6220195, www.leftbankbooks.com, geöffnet: Mo–Sa 10–19, So 11–18 Uhr. Herrlich antiquierter Buchladen, der im hektischen Pike Place Market leicht zu übersehen ist. Der Schwerpunkt des Sortiments liegt auf progressiven, anarchistischen Titeln.

111 [D5] **Metsker Maps,** 1511 First Ave., Tel. 6238747, www.metskers.com, geöffnet: Mo–Fr 9–20, Sa 10–20, So 10–18 Uhr. Der am Rande des Pike Place Market gelegene Buchladen hat sich auf alle Arten von Reiseliteratur und Karten spezialisiert.

112 [F4] **The Elliott Bay Book Company,** 1521 10th Ave., Tel. 6246600, www.elliottbaybook.com, geöffnet: Mo–Do 10–22 Uhr, Fr/Sa 10–23 Uhr, So 10–18 Uhr. Seit fast 50 Jahren gilt dieser wunderbare Büchertempel als einer der besten Buchläden Seattles. Über 150.000 Bücher, ein exzellent geschultes Personal und mehr als 500 Lesungen bekannter Autoren pro Jahr haben das „Elliott", wie das Geschäft von den Einheimischen genannt wird, zu einer Institution werden lassen. Für all jene, die sich in eine Zeit zurücksehnen, in der die Tiefsinnigkeit und Ruhe der Bücher noch mehr bedeutete als die „Fake News" des hektischen und oberflächlichen Internets, gibt es kaum einen besseren Ort als diesen im besten Sinne „Old Fashioned Bookstore" in Capitol Hill. Hierzu passt auch das ausgezeichnete „Oddfellows Cafe" im hinteren Bereich des Hauses.

113 [de] **Third Place,** 6504 20th Ave. NE, Tel. 5252347, www.thirdplacebooks.com, geöffnet: So–Do. 8–21, Fr/Sa 8–22 Uhr. Einer der größten Second-Hand-Bookstores in Seattle mit inzwischen drei Geschäften in der Stadt. Die Bar im Erdgeschoss ist speziell im Winter der ideale Ort, um das neuerstandene Buch in aller Ruhe zu lesen.

Ein Literaturtempel – der Elliott Bay Book Store in Capitol Hill

053se-tb

Musik

114 [be] **Bop Street Records,** 2220 NW Market St., Tel. 2972232, www.bopstreetrecords.com, geöffnet: Di/Mi 12–20, Do–Sa 12–22, So 12–17 Uhr. Das seit fast 40 Jahren von einem Musikliebhaber betriebene Haus beherbergt in seinen vom Fußboden bis zum Dach mit über 500.000 CDs und Platten vollgestopften Inneren eine Riesenauswahl an Musik. Besonders groß ist die Auswahl an Jazz und Rock.

115 [bi] **Easy Street Records & Cafe,** 4559 California Ave. SW #200, Tel. 9383279, www.easystreetonline.com, geöffnet: Mo–Sa 9–21, So 9–19 Uhr. Seit über 30 Jahren gilt dieser von einem ehemaligen Musiker betriebene Plattenladen als einer der besten von Seattle. Neben einer breiten Palette an CDs, Vinyl, Büchern, Magazinen und DVDs befindet sich im Haus auch ein kleines Café. Und es gibt fast jede Woche Gastauftritte von lokalen Bands.

116 [cf] **Golden Oldies Records,** 201 NE 45th St., Tel. 5472260, www.goldenoldiesrecords.net, geöffnet: So–Fr 11–19, Sa 11–20 Uhr. Der Name ist Programm. Seit über 40 Jahren hat sich der Besitzer auf alte, häufig nirgendwo anders zu findende Platten spezialisiert. Man kann sogar in einer „Wish List" den gewünschten Plattentitel eintragen und wird benachrichtigt, wenn der Titel eingetroffen ist – Kundenservice in Perfektion.

117 [ci] **Silver Platters,** 2930 First Ave. S, Tel. 2833472, silverplatters.com, geöffnet: Mo–Sa 10–22, So 11–19 Uhr. Im wohl größten Plattenladen Seattles findet jeder, was er/sie sucht.

Die Heimatstadt von Jimi Hendrix und Kurt Cobain verfügt über ausgezeichnete Musikgeschäfte

054se-tb

118 [G4] **Wall of Sound,** 1205 E Pike St. #1C, Tel. 4419880, www.wosound.com, geöffnet: Mo–Fr 11–19, So 12–18 Uhr. Klein, aber fein – auf keinen anderen Plattenladen trifft diese Beschreibung so zu wie auf diesen „Winzling" am Pike Place. Es ist ein Nischenladen, in dem es nicht um amerikanische Popmusik geht, sondern um ausgefallene, experimentierfreudige Künster aus der ganzen Welt.

Mode und Accessoires

119 [D6] **A Mano,** 1115 First Ave., Tel. 2921767, www.shopamano.com, geöffnet: Mo–Sa 11–18, So 12–17 Uhr. „A mano" heißt „handgemacht" auf Italienisch und damit ist das Geschäft auf den Punkt betitelt, werden in dieser gehobenen Boutique doch handgemachte Schuhe, Handtaschen und Schmuck aus Italien verkauft.

120 [be] **Baleen,** 6418 20th Ave. NW, Tel. 7849074, www.shopbaleen.com, geöffnet: Di–Fr 12–18, Sa 11–18, So 12–17 Uhr. Moderner, unprätentiöser und bezahlbarer Schmuck wie Ohrringe, Armringe und Halsketten findet sich in diesem angenehmen Geschäft in Ballard.

121 [C5] **Jackstraw,** 1930 First Ave., Tel. 4626236, www.jstraw.com, geöffnet: Mo–Sa 10–18, So 12–5 Uhr. Hochpreisige Boutique für Frauen und Männer im Pike Place Market, die eine interessante Mischung aus alternativ-eleganter Mode führt – und damit das Lebensgefühl des pazifischen Nordwestens getroffen hat.

122 [G5] **Likelihood,** 1101 Union St. E, Tel. 2570577, www.likelihood.com, geöffnet: Di–Fr 11–18, Sa 10–20, So 11–17 Uhr. Cooler Designerladen mit Spezialisierung auf trendige Sneaker für Frauen und Männer.

123 [D6] **Moorea Seal,** 1012 First Ave., Tel. 7282523, www.mooreaseal.com, geöffnet: Mo–Sa 11–18, So 11–16.30 Uhr. Privat geführtes Modegeschäft mit Schuhen, Schmuck, Kleidung und Parfüms von internationalen Designern.

124 [F3] **Pretty Parlor,** 119 Summit Ave. E, Tel. 4052883, www.prettyparlor.com, geöffnet: Mo–Sa 11–19, So 12–6 Uhr. Kleiner Vintage Store in Capitol Hill, der in seinem liebevoll eingerichteten Inneren Mode von den 1920er- bis 1990er-Jahren für Männer und Frauen anbietet.

125 [F4] **Totokaelo,** 1523 10th Ave., Tel. 6233582, www.totokaelo.com, geöffnet: Mo–Sa 11–19, So 11–18 Uhr. Dieser coole Designerladen in Capitol Hill macht den Eindruck, als sei er direkt aus New York importiert worden – und ist es auch. Der Ableger des berühmten New Yorker Originals führt die jeweils neuesten Trends der Modewelt.

Konfektionsgrößen

Herren

Die deutsche Bekleidungsgröße (z. B. 50) minus 10 ergibt die amerikanische Größe (z. B. 40)

› *Herrenhemden*

D	36	37	38	39	40/41	42	43
USA	14	14,5	15	15,5	16	16,5	17

› *Herrenschuhe*

D	39	40	41	42	43	44	45
USA	7	7,5	8	8,5/9	9,5/10	10,5	11,5

Damen

D	36	38	40	42	44	46
USA	6	8	10	12	14	16

› *Damenschuhe*

D	36	37	38	39	40	41	42
USA	6	6,5/7	7,5/8	8,5	9	9,5	10

Kinder

D	98	104	110	116	122
USA	3	4	5	6	6x

› *Kinderschuhe*

D	23	24	25	26	27	28	29	30	31	32	33
USA	6,5	7,5	8,5	9,5	10,5	11,5	12,5	13	1	1,5/2	2,5

Seattle zum Träumen und Entspannen

Ruhe und Erholung inmitten bzw. in unmittelbarer Umgebung einer Millionenstadt – das ist in Seattle kein Problem. Die Möglichkeit, mit Blick auf den Pazifik und die schneebedeckten Küstenberge die Seele baumeln zu lassen, macht gerade die enorm hohe Lebensqualität von Seattle aus.

•126 [af] **Discovery Park,** 3801 Discovery Park Blvd. Wie in eine andere Welt versetzt fühlt man sich in diesem nordöstlich des Stadtteils Ballard gelegenen größten Park von Seattle. Mit über 140 ha bietet das aus einem ehemaligen Marinestützpunkt hervorgegangene Naturreservat eine Vielzahl von Möglichkeiten, um dem Stress der Großstadt zu entkommen. Man genießt – speziell am späteren Nachmittag zum Sonnenuntergang – die herrliche Aussicht auf Seattle, die Olympic Mountains und Mount Rainier, kann picknicken, joggen und am Strand liegen oder den Seeottern zusehen, die sich auf den Steinen beim North Beach Trail sonnen.

•127 [cf] **Gas Works Park,** North Northway Lake 2101, geöffnet: 6–22 Uhr. Ruhig und menschenleer ist es hier nicht, dafür ist die Kulisse der stillgelegten Gasfabrik vor dem Hintergrund des Union Lake und der Skyline der Innenstadt einfach zu spektakulär. Doch genau diese Kulisse bietet sich speziell zum Sonnenuntergang für ein unvergessliches Picknick an.

•128 **Warren G. Magnuson Park,** 7400 Sand Point Way NE. Eine Oase der Ruhe im Nordosten der Stadt.

•129 [df] **Washington Park Arboretum,** 2300 Arboretum Dr. E. Dieses versteckte Juwel am Lake Washington ist einer der größten Stadtparks von Seattle. Die schönste Art, um die friedvolle Ruhe des Parks zu genießen, ist es, sich beim UW Activities Center ein Boot auszuleihen und damit ganz weltvergessen durch

Seattle bietet eine Vielzahl an Entspannungsmöglichkeiten, z. B. am Alki Beach [ai] an der Elliott Bay

057se-as©Crin - stock.adobe.com

die einsamen Wasserwege zu rudern. Ansonsten bieten sich über 6 km lange Wege zum Wandern an. Entlang der Pfade finden sich zahlreiche Skulpturen und Art-déco-Gebäude.

•130 [E7] **Waterfall Garden Park,** 219 2nd Ave. S. Kleines, verstecktes Juwel mitten in der Innenstadt um die Ecke vom Pioneer Place Square. Dort, wo das erste Büro des inzwischen weltweit operierenden United Parcel Service eröffnete, befindet sich nun eine Art Zengarten mit Wasserfall. Am besten besorgt man sich in den zahlreichen umliegenden Cafés einen Kaffee und lässt sich vom Geräusch des Wasserfalls „einlullen".

Zur richtigen Zeit am richtigen Ort

Wie in jeder multikulturellen Metropole ist auch Seattles Festivalkalender gespickt mit einer Vielzahl an unterschiedlichen Veranstaltungen wie dem Seattle International Film Festival, das eines der bedeutendsten Filmfestivals Nordamerikas ist, oder dem zum Labor Day stattfindenden Bumbershoot, bei dem über 2500 Künstler aller Couleur auftreten. Hinzukommen die gerade in Seattle bedeutenden Neighborhood-Festivals.

Mit seinen zahlreichen Bühnen und seiner Lage in der Nähe der Innenstadt ist das verkehrsberuhigte Gelände des **Seattle Center** ❶ der beliebteste Veranstaltungsort der Stadt. Die bedeutendsten Festivals finden in den Monaten Mai bis September statt. Unter www.visitseattle.org/things-to-do/events/festivals kann man sich über aktuelle Veranstaltungen informieren.

Januar/Februar

› **Seattle Chamber Musik Winter Festival.** Jedes Jahr im Januar/Februar veranstaltet die Seattle Chamber Music Society (SCMC) eine Reihe von Kammermusik-Konzerten, von denen die meisten in der Benaroya Hall stattfinden.

März

› **French Fest** (http://seattlecenter.com/events/featured-events/festal/seattles-french-fest). Anlässlich des „International Francophonie Day" werden in der Armory auf dem Gelände des Seattle Center die vielseitigen Aspekte des französischsprachigen Kulturkreises gefeiert und Musik-, Tanz- und Theatervorführungen geboten. Dazu gibt es französische Küche (inkl. einem „Baguette-Making-Wettbewerb") und Seminare. Alle Veranstaltungen sind kostenlos.

⌃ Das Volunteer Park Conservatory im Volunteer Park [G1]

› Feuerwerk zum 4. Juli mit dem Lake Union im Vordergrund

April

- **World Rhythm Festival** (www.swps.org). Tanz, Schlagzeug- und Percussion-Gruppen aus der ganzen Welt versetzen die Besucher in der Armory auf dem Gelände des Seattle Center in eine Welt der Rhythmen. Alle Vorführungen sind kostenlos.

Mai

- **Northwest FolkLife** (www.nwfolklife.org). Das viertägige, auf diversen Bühnen auf dem Gelände des Seattle Center stattfindende Folklore-Festival, auf dem über 5000 Künstler aus dem Nordwesten der USA auftreten, zieht jedes Jahr eine Viertelmillion Besucher an.
- **Seattle International Film Festival** (www.siff.net). Das während der Monate Mai/Juni über einen Zeitraum von 24 Tagen in verschiedenen Kinos und Veranstaltungsorten Seattles abgehaltene SIFF gilt als eines der angesehensten Filmfestivals weltweit. Besonderer Schwerpunkt liegt auf Autoren- und Dokumentarfilmen.

Juni

- **Seattle Pride Parade** (www.seattlepride.org). Die alljährlich Ende Juni entlang der 4th Ave. stattfindende Pride Parade der LGBT+ Community ist mit mehreren Hunderttausend Besuchern eines der meistbesuchten Festivals von Seattle. Die bunte Parade dauert etwa vier Stunden und endet beim Seattle Center.

Juli

- **Seattle Chamber Musik Summer Festival** (www.seattlechambermusic.org). Fans von Kammermusik treffen sich im Juli in der Benroya Hall. Gespielt werden Werke internationaler Komponisten von Beethoven bis Boulanger.
- **Seattle Street Food Fest** (www.seattle stfoodfest.com). Die Seattleites lieben ihre Food Trucks und die frische Luft. Bei diesem Fest im Stadtviertel South Union bekommen sie beides im Übermaß und dementsprechend beliebt ist es. Hunderte von Food Trucks, ein Biergarten und ein Nachtmarkt ziehen jedes Jahr Tausende von Besuchern an.

058se-as©FreebillyPhotography - stock.adobe.com

August

› **Seattle Art Fair** (www.seattleartfair.com). An vier Tagen Anfang August versammelt sich alles, was in der Kunstszene Rang und Namen hat, im CenturyLink Field Event Center. Es gibt Ausstellungen, Vernissagen, Symposien und Aufführungen aus dem Bereich Moderne Kunst aus der ganzen Welt.

September

› **Bumbershoot** (www.bumbershoot.com). Das Bumbershoot ist Seattles wohl bedeutendstes Festival und eines der größten Stadtfeste Nordamerikas. Es findet jedes Jahr während des Labor Day Weekend Anfang September statt und lockt Tausende Besucher auf das Gelände des Seattle Center. Während des dreitägigen Festivals treten mehr als 2000 Musiker, Komödianten, Straßenkünstler, Akrobaten und Schauspieler auf. Viele Veranstaltungen sind umsonst und im Freien.

Oktober

› **Seattle Restaurant Week** (https://srw.seattletimes.com). Ende Oktober und Anfang November bieten über 160 Restaurants zehn Tage lang exquisite Mittags- und Abendmenüs zu günstigen Preisen. Diese Möglichkeit, die Vielfalt der einheimischen Gastronomie zu erleben, erfreut sich so großer Beliebtheit, dass eine frühzeitige Anmeldung von Nöten ist.

› **Halloween:** 31. Oktober (kein offizieller Feiertag).

November/Dezember

› **Seattle Marathon** (www.seattlemarathon.org). Seit seinen bescheidenen Anfängen Ende der 1970er-Jahre mit nur einigen Hundert Teilnehmern hat sich der jedes Jahr Ende November/Anfang Dezember stattfindende Marathon zu einer der größten Veranstaltungen der Stadt entwickelt. Jedes Jahr nehmen mehr als 15.000 Teilnehmer die Strecke von 42,195 km in Anspruch und Tausende von enthusiastischen Zuschauern unterstützen sie entlang der Strecke. Besonders im Bereich des Seattle Center, dem Start- und Zielpunkt des Rennens, werden viele Veranstaltungen abgehalten.

Offizielle Feiertage

In den USA gibt es die arbeitnehmerfreundliche Gepflogenheit, Feiertage auf einen Montag zu legen.

› **1. Januar:** New Year's Day

› **3. Montag im Januar:** Martin Luther King Day

› **3. Montag im Februar:** Presidents' Day (Washington's Birthday)

› **Ende März/April:** Good Friday (Karfreitag) und Easter Sunday (Ostersonntag). Ostermontag ist kein Feiertag.

› **letzter Montag im Mai:** Memorial Day (Beginn der Feriensaison)

› **4. Juli:** Independence Day („4th of July")

› **1. Montag im September:** Labor Day (Ende der Feriensaison)

› **2. Montag im Oktober:** Columbus Day (Feier zu Ehren von Christoph Kolumbus)

› **11. November:** Veterans' Day (Zu Ehren der Kriegsveteranen)

› **4. Donnerstag im November:** Thanksgiving (Erntedankfest)

› **25. Dezember:** Christmas Day. Heiligabend und der zweite Weihnachtstag sind keine Feiertage.

059se-vs©Alabastro Photography

Seattle – ein Porträt

Die attraktive Lage an Lake Union, Lake Washington und Elliott Bay mit den Bergen im Hintergrund ist neben der wirtschaftlichen Stärke einer der Faktoren, die Seattle zu den lebenswertesten Städten Nordamerikas machen. Seattles inoffizieller Spitzname Emerald City („Smaragdstadt") erscheint mehr als stimmig, wird das Bild der Stadt doch zumindest von einem der vielen Aussichtspunkte betrachtet vom Blau des Wassers und dem satten Grün der Kiefern und Ahornbäume bestimmt.

Egal wie oft man schon auf der Space Needle stand, der Blick ist immer wieder fantastisch. Im Norden und Osten funkeln unmittelbar am Stadtrand mit dem **Lake Union** und **Lake Washington** zwei Süßwasserseen, in denen sich die Lachsschwärme auf ihrem Weg zu den Laichplätzen sammeln. Im Nordwesten zeichnen sich die Bergrücken der **Olympic Mountains** ab. Im Süden scheint die majestätisch breite Gletscherkuppe des 4392 Meter hohen **Mount Rainier** an schönen Tagen über dem Dunst zu schweben und die von zahlreichen Inseln durchsetzte **Elliott Bay**, ein tief in das Land mäandernder Fjord des Pazifik, bildet die westliche Begrenzung der Innenstadt.

Wer eine Runde auf der Aussichtsplattform der Space Needle gedreht hat, beginnt zu verstehen, warum immer mehr Kalifornien-Liebhaber glänzende Augen bekommen und an einen Ortswechsel denken, wenn von Seattle die Rede ist. Dreimal schon ist die Metropole im amerikanischen Nordwesten zur lebenswertesten Stadt der Vereinigten Staaten gewählt worden.

Tatsächlich hat die nach Los Angeles zweitgrößte Metropole an der amerikanischen Westküste, wovon moderne Stadtplaner träumen: Berge, Meer, unberührte Wälder und Seen direkt vor der Tür und eine **florierende Wirtschaft.** Mit **Boeing, Starbucks, Microsoft, Amazon, Expedia** und **Nintendo** beherbergt Seattle gleich sechs der weltweit bekanntesten Unternehmen. Hinzu kommen weitere, speziell in Nordamerika sehr erfolgreiche Firmen wie die Luxuskaufhauskette **Nordstrom** und die Großhandelskette **Cosco.**

Die wirtschaftliche Ausnahmestellung Seattles wird bei einem Vergleich des **Haushaltseinkommens** mit dem Landesdurchschnitt deutlich. Mit fast $ 70.000 ist es fast um die Hälfte höher als im Rest der USA.

Vorseite: Ein Drache grüßt in Chinatown **20** *die Besucher*

Der **Hafen** ist zu einem wichtigen Knotenpunkt für den Handel mit Alaska, China und Japan geworden. Mit fast 4 Millionen umgeschlagenen Containern pro Jahr gehört er zu den größten Nordamerikas. Gleichzeitig werden jährlich fast eine Million Kreuzfahrtpassagiere gezählt.

Einhergehend mit dem enormen Boom der lokalen Wirtschaft ist die Innenstadt in den letzten zwanzig Jahren rasch gewachsen, wirkt jedoch immer noch vergleichsweise übersichtlich und gelassen. Das Zentrum teilen sich ein paar nicht sonderlich spektakuläre, auf jede Form von Angeberei verzichtende **Hochhäuser** mit den verspielten Backsteinwolkenkratzern des frühen zwanzigsten Jahrhunderts.

Wenn es um spektakuläre Hochhäuser als Ausdruck der wirtschaftlichen Potenz geht, kann es Seattle sicher nicht mit anderen amerikanischen Städten wie New York, Chicago oder Los Angeles aufnehmen. Stattdessen wirkt Seattle gerade im Wissen um seine Stärke angenehm unspektakulär. Bescheidenheit statt Protzerei ist hier das Motto.

Bei all dem offensichtlichen Erfolg der letzten Jahrzehnte werden jedoch auch die Kosten immer offensichtlicher. Der Zustrom von Tausenden von hochbezahlten IT-Angestellten hat die **Miet- und Immobilienpreise** derart explodieren lassen, dass viele Alteingesessene sich das Wohnen in ihrer eigenen Stadt nicht mehr leisten können und in die wenig einladenden Vororte verdrängt werden. Wie die speziell im Bereich Pioneer Square und International Center auf den Straßen zu sehenden Bettler und Drogenabhängigen verdeutlichen, ist Obdachlosigkeit inzwischen eines der Hauptprobleme der Stadt.

Einem weiteren klassischen Phänomen aller vom wirtschaftlichen Erfolg überrollten Metropolen begegnet der Ankömmling bereits auf der Fahrt vom Flughafen in die Innenstadt – dem „apokalyptischen" Berufsverkehr. Die für viele Jahre am schnells-

KURZ & KNAPP

Die Stadt in Zahlen

- **Gegründet:** 1853
- **Einwohner:** ca. 730.000
- **Bevölkerungsdichte:** ca. 3.300 Einwohner pro km^2
- **Fläche:** 369 km^2, davon ca. 217,2 km^2 Landfläche
- **Höhe ü. M.:** 54 m
- **Spitzname:** Emerald City

⊡ *Panoramaansicht der „Emerald City"*

060se-vs©Howard Frisk Photography

ten wachsende Stadt Amerikas hat inzwischen die viertschlimmsten Staus des Landes. Der durchschnittliche Pendler verbringt täglich Stunden im **Stau.**

Wie die mit über 4 Milliarden Dollar horrend teure Neugestaltung der bis vor Kurzem noch von täglich 100.000 Fahrzeugen befahrenen **Uferpromenade** verdeutlicht, hat sich die Stadtverwaltung nach jahrzehntelangem Zögern nun entschlossen, einschneidende Gegenmaßnahmen zu ergreifen. Nachdem die Bauarbeiten zur Untertunnelung im Januar 2019 nach sechs Jahren abgeschlossen waren und die hässliche Hochstraße des Alaskan Way Viaduct abgerissen wurde, ging man daran, die gesamte Uferpromenade zu einem Erholungsareal umzubauen.

Unter der Federführung des Architektenbüros, das bereits mit der Umwandlung einer ehemaligen S-Bahn in New York in eine Parkanlage (High Line Park) großen Erfolg hatte, soll im nun verkehrsberuhigten Bereich zwischen Pioneer Square und Belltown in den kommenden Jahren ein Freizeitareal mit Grünflächen, Spielplätzen und Aussichtsplattformen entstehen. Das die Innenstadt von Seattle zur Elliott Bay hin öffnende Projekt wird eine Bauzeit von mehreren Jahren haben. Sollte alles nach Plan verlaufen, werden die Bauarbeiten im Sommer 2022 abgeschlossen sein. Bis dahin müssen sich Einheimische wie Besucher im Bereich der Uferpromenade auf erhebliche Einschränkungen einstellen.

Von den Anfängen bis zur Gegenwart

Der Reichtum und die Schönheit der die Stadt umgebenden Natur und der Entdeckergeist und Fleiß der in ihr lebenden Menschen haben Seattle zu dem gemacht, was es heute ist – eine der lebenswertesten und wirtschaftlich erfolgreichsten Städte der USA.

Wenn es um die Geschichte Seattles geht, muss man wie überall in den USA zwischen der Geschichte der American Indians und der Geschichte der etwa ab der Mitte des 19. Jh. eintreffenden weißen Siedler unterscheiden.

Die **Ureinwohner** der Nordwestküste Amerikas galten als besonders hoch entwickelt. Ein Grund hierfür waren hervorragende Lebensbedingungen, denn abgesehen von den im Vergleich zum Rest des Landes milden Wintern bot ihnen die sie umgebende Natur auch einen großen **Reichtum**

061se-tb

Porträt des Namensgebers der Stadt – Häuptling Sealth

an Nahrungsmitteln. Dies gilt insbesondere für die Elliott Bay, also genau jenes Gebiet, in dem sich heute die Stadt Seattle befindet. Im Pazifik gab es einen scheinbar unbegrenzten Reichtum an Fischen, die unmittelbar angrenzenden Wälder boten neben Wildtieren und Beeren alle nötigen Materialien zum Bau von Häusern, Booten und Gebrauchsgegenständen. Schließlich schwammen entlang der unzähligen Zuflüsse zu den beiden Seen jedes Jahr Millionen von Lachsen, die die Indianer räucherten. Der Nahrungsmittelüberschuss erlaubte es ihnen, sich nicht nur dem Jagen und Fischen, sondern auch anderen Aktivitäten wie dem Schnitzen von Masken und Totempfählen oder dem Weben von Decken zu widmen. Mitte des 19. Jh. gab es im heutigen Stadtgebiet von Seattle 13 Ansiedlungen **der Coast-Salish-Indianer.** Ein wichtiger Bestandteil ihres kulturellen und spirituellen Lebens waren die sogenannten **Potlatch-Zeremonien.** Bei diesen aufwendigen, mehrere Tage andauernden Festen, denen häufig auch benachbarte Stämme beiwohnten, wurden Tänze aufgeführt, Festessen abgehalten, Geschichten erzählt und kunstvolle Geschenke ausgetauscht, welche von den Künstlern in monatelanger Arbeit gefertigt worden waren. Dieses von friedlichem Nebeneinander und kulturellem Reichtum geprägte Leben der Indianer wurde durch die Ankunft der ersten europäischen Seefahrer Ende des 18. Jahrhundert jäh beendet.

Als Geburtsstunde von Seattle wird die Ankunft der **Familie Denny** angesehen, der sogenannten Denny Party, die am 13. November 1851 am Alki Point landete. Wegen der ungünstigen dortigen Lebensbedingungen zogen sie im April 1852 an die windgeschütztere Elliott-Bucht, genauer den heutigen Pioneer Square in der Innenstadt, um. Die Gründung der Stadt datiert auf das Jahr 1869. Benannt wurde sie nach dem **Indianerhäuptling Sealth**, der ein Freund des ersten Arztes der Stadt, David „Doc" Maynard, war.

Die Geschichte der Stadt ist von einem stetigen Kreislauf von wirtschaftlichem Boom und Niedergang geprägt, weshalb sie auch häufig als **„Boom and Bust City"** bezeichnet wird. Ausgangspunkt der Entwicklung Seattles von einem wenige Hundert

KURZ & KNAPP

Zur Terminologie des Wortes „Indianer"

Beim Wort „Indianer" („Indians") denken die meisten – in guter alter Karl-May-Tradition – sofort an Reiter mit Kopfschmuck und Lendenschurz. In der Realität weisen die meisten indianischen Völker – allein in den USA gibt es über 560 – kaum Gemeinsamkeiten auf, was auch ihre zahlreichen Namen belegen.

Als **„politically correct"** werden die Bezeichnungen **„Native Americans"** oder **„Native People"** angesehen – im Deutschen unzureichend mit „Ureinwohner" wiedergegeben. Allerdings ist diese Bezeichnung bei den damit Gemeinten wenig beliebt. Wie einmal der indianische Chef des NMAI meinte: „Jeder, der in Nordamerika geboren ist, ist ein ‚Native American', ein gebürtiger Amerikaner. Ich persönlich bin ein Hopi, wer das aber nicht weiß, für den bin ich eben ein ‚Indianer'." In der Tat ziehen die meisten Indianer, ob Apache, Navajo, Nez Perce, Hopi oder Ute, **„American Indian"** als Bezeichnung vor, sofern man die genaue Stammeszugehörigkeit nicht kennt. Von „Indianer" zu sprechen, ist also durchaus in Ordnung.

Einwohner zählenden Dorf zu einer boomenden Stadt bildete die **Holzindustrie.** Die bis zu 1000 Jahre alten und über 100 m hohen Bäume der Nordwestküste eigneten sich ideal zum Häuser- und Schiffsbau und wurden zu Tausenden in weite Teile der USA und speziell nach San Francisco verschifft. Der Name des ersten Holzbarons, **Henry L. Yesler,** ziert noch heute die Straße, an der seine Fabrik stand.

Der wirtschaftliche Aufschwung zog Tausende arbeitsuchende junge Männer nach Seattle, weshalb auch Prostitution und das Glücksspiel boomten, zudem floss der Alkohol in Strömen. Die Anbindung der Stadt an das **Eisenbahnnetz** im Jahre 1894 bildete einen weiteren Meilenstein in der Entwicklung zu einer wirtschaftlich bedeutenden Metropole und zwischen 1890 und 1910 versechsfachte sich die Bevölkerungszahl.

Der scheinbar nicht endende Boom fand am 6. Juni 1889 zunächst ein jähes Ende, als ein Großbrand weite Teile der Stadt zerstörte. Wie durch ein Wunder kamen beim **Great Seattle Fire** allerdings keine Menschen ums Leben und der Stadt gelang es schnell, sich von den Folgen der Katastrophe zu erholen. Nachdem die Stadtverwaltung als Lehre aus der Katastrophe den Bau von Holzhäusern in der Innenstadt verboten hatte, wurden innerhalb weniger Jahre Hunderte von Steinhäusern gebaut, die noch heute den historischen Distrikt des Pioneer Square bestimmen. Dieser enorme **Bauboom** zog innerhalb kürzester Zeit bis zu 40.000 neue Einwohner an, von denen ein Großteil in der Bauindustrie eine Anstellung fand.

Die 1893 in ganz Nordamerika einsetzende wirtschaftliche **Rezession** machte auch vor Seattle nicht halt, doch gerade, als sich viele fragten, ob der scheinbar nicht enden wollende Aufschwung endgültig zum Stillstand gekommen sei, profitierte Seattle wie kaum eine andere Stadt von einem Ereignis, das die gesamte Welt in Aufruhr setzen sollte – dem **Klondike Gold Rush.** Als am 17. Juli 1897 der Dreimaster „Portland“ mit vom Klondike River in Yukon zurückkehrenden Schatzsuchern an Bord im Hafen von

062se-tb

Gedenktafel für einen der bedeutendsten Bürger im Seattle der Gründerperiode – Henry L. Yesler

Seattle einlief, machte schnell die Nachricht von Tonnen von Gold an Bord die Runde. Diese von den lokalen Zeitungen in alle Gegenden der USA verbreitete Nachricht führte zu einem Aufbruch von über 100.000 Goldsuchenden in Richtung Klondike. Clevere Geschäftsleute sahen die sich damit auftuende Geldquelle und priesen Seattle als idealen Ausgangsort für die Goldsucher an. Innerhalb weniger Monate strömten Tausende von ihnen in die Stadt, um sich mit allen nötigen Utensilien auszustatten, bevor sie sich auf die lange und beschwerliche Reise in den hohen Norden begaben. So verdienten sich lokale Händler, Hoteliers, Restaurants und Transportunternehmer quasi über Nacht „eine goldene Nase", während sich die Hoffnung der Goldsucher auf schnellen Reichtum so gut wie nie erfüllte.

Der neue Reichtum und der Zustrom von davon angezogenen Neubürgern führten zu einem **neuen Bauboom**, der dieses Mal auch über die Innenstadt hinausreichte. Um die Jahrhundertwende entstanden Stadtviertel wie **Capitol Hill**, **Queen Anne** und **Fremont**, die heute zum besonderen Flair der Stadt beitragen. Die neu angelegten breiten und mit Bürgersteigen und Beleuchtung ausgestatteten Straßen waren von Leben erfüllt, moderne Geschäftsbauten entstanden, Schulen wurden eröffnet, das kulturelle Leben florierte, Ateliers und privaten Kunstsammlungen, aus denen später die heute bekannten Museen hervorgingen, siedelten sich an. 1908 schließlich wurde mit dem **Pike Place Market** jener großangelegte Bauernmarkt eröffnet, der bis heute das Herz der Stadt darstellt.

In den zehn Jahren nach der Jahrhundertwende explodierte die Einwohnerzahl von 80.000 auf 200.000. Der Bau des 1915 eröffneten **Smith Tower**, mit 149 m das damals höchste Gebäude westlich des Mississippi, spiegelte noch einmal die wirtschaftliche Sonderstellung Seattles wider. Die besonders ausgeprägte **Werftindustrie** profitierte während des Ersten Weltkriegs von der großen Nachfrage nach Kriegsschiffen. Das Ende des Kriegs markierte dann jedoch auch gleichzeitig das Ende der Boomzeiten für Seattle. Als Folge der einsetzenden jahrzehntelangen Rezession, während der auch die Gehälter der Industriearbeiter eingefroren wurden, entwickelte sich die Stadt immer mehr zu einem Zentrum der um ihre Rechte kämpfenden **Arbeiterverbände.** So kam es im Jahre 1919 zum **Generalstreik**, bei dem mehr als 60.000 Menschen für höhere Löhne und verbesserte Arbeitsbedingungen streikten. Mit der sich speziell in den 1920er-Jahren verschlechternden wirtschaftlichen Lage stieg auch die Zahl der Streiks. Seattle erwarb

081se

Sinnbild des rapiden Aufschwungs Seattles und Stolz der Bürger – die erste Straßenbahn

den Ruf einer der „linksten“ und progressivsten Städte der USA. So war es dann auch nur folgerichtig, dass 1926 mit **Bertha Knight Landes** die erste Frau zur Bürgermeisterin einer amerikanischen Großstadt gewählt wurde.

Mit dem japanischen Luftangriff auf den US-Marinestützpunkt **Pearl Harbour** auf Hawaii am 7.12.1941 und dem dadurch ausgelösten Eintritt der USA in den **Zweiten Weltkrieg** sollte die jahrzehntelange Depression speziell für Seattle schlagartig beendet sein, denn Seattle war für das geschaffen, was die amerikanische Regierung nun in Windeseile benötigte – Kampfflugzeuge und Kriegsschiffe.

Quasi über Nacht vergab die Regierung Milliardenaufträge an die 1917 in den Außenbezirken von Seattle gegründete Flugzeugfirma **Boeing.** In den nächsten Jahren verließen Tausende von Kriegsflugzeugen die Produktionshallen. Gleichzeitig produzierten die in und um Seattle herum ansässigen **Schiffswerften** mit ihren über 50.000 Arbeitern die für den Kriegseinsatz notwendigen Zerstörer. Die florierende Kriegswirtschaft zog Tausende von neuen Arbeitskräften in den Nordwesten. Darunter war nun auch ein erheblicher Anteil von zuvor nur gering vertretenen Afroamerikanern.

Das Ende des Zweiten Weltkriegs bedeutete auch das Ende des Beschäftigungsbooms, doch es gelang der lokalen Wirtschaft erstaunlich schnell, die Verluste aufzufangen. So etablierte sich Boeing mit dem rasanten Aufstieg der zivilen Luftfahrt schnell zum mit Abstand größten Flugzeugbauer der Erde.

Als Beginn des modernen Seattles wird die **Weltausstellung von 1962** gesehen. Die unter dem Motto „Man in the Space Age“ („Der Mensch im Weltraumzeitalter“) stehende **Century 21 Exposition** zog knapp 10 Mio. Besucher an und wurde zu einem großen Erfolg. Die städtische Infrastruktur wurde massiv ausgebaut und viele der Wahrzeichen Seattles wie die Space Needle, das Pacific Science Center und die Seattle Center Monorail entstanden. Zudem erhielt die Stadt zum ersten Mal globale Aufmerksamkeit.

Letztlich am bedeutendsten war jedoch, dass mit der zukunftsweisenden Weltausstellung die Grundlagen für die seit Mitte der 1970er-Jahre in Seattle ansässige IT-Industrie gelegt wurden. Ende der 1970er-Jahre siedelte sich **Microsoft** in der Stadt an. Im Schlepptau des inzwischen größten Softwareherstellers der Welt eröffneten viele weitere weltweit operierende Unternehmen wie **RealNetworks** und **Amazon** ihre Hauptsitze in Seattle. Nach dem Silicon Valley bei San Francisco sind die in Seattle ansässigen Firmen mit über 150.000 hochbezahlten Spezialisten der Hauptarbeitgeber dieser Branche in den USA.

Historische Aufnahme aus der Zeit der Jahrhundertwende

Historisches auf einen Blick

1851: Die ersten weißen Siedler unter Führung von Arthur Denny siedeln sich am Alki Point, dem westlichsten Punkt im Westen von Seattle, an.

1853: Am 23. Mai wird die Stadt offiziell gegründet.

1855: Mit dem sogenannten Point Elliott Treaty wird ein Großteil des Siedlungsgebiets der im westlichen Teil des Staats Washington wohnenden Ureinwohner von der US-Regierung zwangsvereinnahmt.

1856: Beim Battle of Seattle werden zwei weiße Siedler von sich gegen die Zwangsenteignung wehrenden Indianern getötet.

1858: Häuptling Leschi von den Nisquallies-Indianern wird als Verantwortlicher für den Aufstand schuldig gesprochen und zum Tod durch den Strang verurteilt.

1860: Die Military Road von Seattle nach Vancouver wird fertiggestellt und ist die erste Straße, die Seattle mit einer Stadt außerhalb des Staats Washington verbindet.

1861: In Downtown Seattle wird die Universität von Washington gegründet.

1863: Mit der „The Gazette" erscheint die erste Zeitung Seattles.

1866: Häuptling Sealth, der Namensgeber der Stadt, stirbt.

1869: Die Bibliothek von Seattle öffnet ihre Tore.

1870: Die Einwohnerzahl übersteigt das erste Mal 1000.

1874: Die ersten mit Gas betriebenen Straßenlampen werden installiert.

1875: Der Dampfschiffsverkehr von Seattle nach San Francisco wird aufgenommen.

1882: Das erste transpazifische Dampfschiff verlässt den Hafen.

1889: Das Great Seattle Fire zerstört die gesamte Innenstadt. Glücklicherweise gibt es keine Toten zu beklagen.

1890: Die erste transkontinentale Eisenbahn erreicht Seattle.

1897: Das mit Gold beladene Dampfschiff „Portland" legt im Hafen von Seattle an. Der damit einsetzende Klondike Gold Rush verwandelt Seattle nicht nur in Windeseile in eine Durchgangsstation für Tausende von Goldsuchern, sondern führt zu einem enormen wirtschaftlichen Aufschwung.

1900: Die Bevölkerungszahl ist auf über 80.000 angewachsen.

1907: Der Bauernmarkt Pike Place Market öffnet seine Tore.

1910: Die Bevölkerung ist auf über 200.000 angewachsen.

1911: Eröffnung des Hafens und des Bahnhofs

1914: Mit dem Smith Tower eröffnet das zu jener Zeit höchste Gebäude im Westen Nordamerikas.

1917: Das Luftfahrtunternehmen Boeing wird gegründet.

⊡ Der Smith Tower war zum Zeitpunkt seiner Eröffnung 1914 das höchste Gebäude im Westen Nordamerikas

1926: Mit Bertha Knight Landes wird das erste Mal in der Geschichte der USA eine Frau zur Bürgermeisterin einer Großstadt gewählt.

1933: Das Seattle Art Museum öffnet seine Tore.

1950: Die Einwohnerzahl steigt auf 467.000

1953: Die auf Stelzen entlang der Uferpromenade verlaufende Hochstraße Alaskan Way Viaduct wird in Betrieb genommen.

1954: Mit der Boeing 707 verlässt der erste Passagierjet den Flughafen von Seattle.

1961: Wing Luke wird in den Stadtrat gewählt, womit Seattle die erste US-amerikanische Stadt ist, die einen Amerikaner mit chinesischer Abstammung in ein öffentliches Amt wählt.

1962: Unter dem Motto „Man in the Space Age" ist Seattle Gastgeber der Weltausstellung. Mit knapp 10 Mio. Besuchern wird sie zu einem großen Erfolg.

1969: Mit Edwin Patt wird einer der Anführer der afroafrikanischen Bewegung in seinem Haus erschossen. Der Fall wurde bis heute nicht aufgeklärt.

1970: Das Viertel Pioneer Square wird offiziell zum „Historischen Viertel" erklärt.

1971: Starbucks eröffnet sein weltweit erstes Café im Zentrum von Seattle.

1976: Seattles American-Football-Klub Seattle Seahawks beginnt den Spielbetrieb im neu erbauten „King Dome".

1977: Das Aquarium wird eröffnet.

1978: Microsoft siedelt sich in Seattle an.

1979: Die Basketballer der Seattle Supersonics gewinnen die amerikanische NBA-Meisterschaft.

1986: Mit dem Columbia Center wird das höchste Gebäude der Stadt eröffnet.

1990: Die Einwohnerzahl steigt auf 500.000.

1992: Mit ihrem Album „Nevermind" erklimmt die Band Nirvana die internationalen Hitlisten.

1999: Mit dem Saeco Field wird das neue Stadion der Seattle Mariners eröffnet (heute T-Mobile Park).

2012: Als eine der ersten Großstädte der USA verbietet Seattle den Gebrauch von Plastiktüten.

2014: Die Seattle Seahawks gewinnen mit dem Super Bowl die bedeutendste nordamerikanische Sporttrophäe.

2019: Die Hochstraße Alaskan Way Viaduct wird abgerissen. Die Seattle Sounders gewinnen die nordamerikanische Fußball-Meisterschaft.

084se-as©happycreator - stock.adobe.com

Leben in der Stadt

Wer an die von Geschäftigkeit, Hektik und Konsum geprägten amerikanischen Großstädte Nordamerikas gewöhnt ist, wird in Seattle das Gefühl nicht los, dass hier etwas anders ist. Obwohl die Nordwestküstenmetropole eine der wirtschaftlich erfolgreichsten Städte der USA ist und mit Weltfirmen wie Boeing, Amazon, Google und Starbucks eine Hochburg des amerikanischen Kapitalismus darstellt, ist Seattle eine auffallend gelassene Stadt geblieben.

Die für die **Seattleites** charakteristische **Rücksichtnahme** zeigt sich exemplarisch im Straßenverkehr. Sie sind im ganzen Land bekannt dafür, dass sie im Zweifelsfall immer den/die andere(n) Vorfahrt lassen, selbst dann, wenn sie eigentlich die ersten an der Kreuzung sind. Hierzu passt auch, dass man nur ganz selten von der Hupe Gebrauch macht. Es ist diese **das Miteinander in den Mittelpunkt stellende Einstellung**, welche sich in vielen Lebenslagen widerspiegelt. Beim Betreten eines Geschäfts oder Restaurants hält man wie selbstverständlich dem Nachkommenden die Tür auf. Beim Anstehen an einer Bushaltestelle reiht man sich ein und drängelt nicht.

Seattle und seine Einwohner, denen die Naturverbundenheit quasi in die Wiege gelegt wurde, haben ein besonders inniges Verhältnis zum **Umweltschutz.** So ist es bereits fast 10 Jahre her, dass Seattle als erste Großstadt der USA den Verkauf von Plastiktüten verbot. Auch das weiträumige Fahrradwegenetz und die überall anzutreffenden Bioläden zeugen von der umweltbewussten und gesunden Lebenseinstellung der meisten Seattleites.

064se-tb

Toleranz und Weltoffenheit sind zwei weitere Charakteristiken der Einwohner. Seattle gilt als eine der liberalsten und tolerantesten Städte Nordamerikas. So wird die Stadt seit Jahrzehnten ausnahmslos **von Demokraten regiert**, der Genuss von **Marihuana** ist seit Langem legalisiert und Seattle weist eine der höchsten Quoten an **gleichgeschlechtlichen Ehen** im Land auf.

Es kann kaum überraschen, dass die **Kriminalitätsrate** weit unter und der **Lebensstandard** dafür weit über dem amerikanischen Durchschnitt liegt. Dass die Stadt in der äußersten Nordwestecke der Vereinigten Staaten liegt, die als **trostloses Regenloch**

⌃ *Frei nach „The Big Lebowski": „Taking it easy for the rest of us sinners"*

‹ *Plakette in der weltweit ersten Starbucks-Filiale am Pike Place Market (s. S. 29)*

The 12th MAN – die Sportbegeisterung der Seattleites

Es ist mindestens schon eine Stunde vergangen, seit ich die Sportsbar betreten habe, und der neben mir sitzende Mann erzählt immer noch voller Begeisterung von dem gerade zu Ende gegangenen Spiel seines Lieblingsklubs, der Football-Mannschaft ***Seattle Seahawks.*** *Von oben bis unten in die Vereinsfarben gekleidet und dazu einen knallbunten Schal um den Hals gebunden, ist er nicht nur der Traum eines jeden Fanartikel-Verkäufers, sondern verkörpert die Liebe der Seattleites für die hiesige NFL-Mannschaft. Die Seahawks sind immer wieder „talk of town", die ganze Stadt scheint dann in die blau-grünen Trikots der Seahawks gekleidet. Ihre Anhänger gehören zu den loyalsten und fanatischsten in ganz Nordamerika. So kann es auch nicht verwundern, dass die Spiele im 69.000 Zuschauer fassenden CenturyLink Field (s. S. 75) immer ausverkauft sind.*

Um die innige Verbundenheit der Fans mit ihrem Team zu dokumentieren, wird vor jedem Spiel eine riesige ***Vereinsfahne mit der Aufschrift „12th MAN"*** *aufs Feld getragen. Als die Seahawks im Jahr 2014 mit dem Super Bowl die meistbegehrte Trophäe im amerikanischen Sport gewannen, wurde die Fahne den Fans zu Ehren auf der Spitze der Space Needle gehisst. Inzwischen sind sie, beziehungsweise ihre Stimmen sogar ehrenwerte Mitglieder des Guinness Book of Records, denn zwei Spiele der Seahawks wurden zu den lautesten Sportveranstaltungen der Erde erklärt.*

Sport gehört in Seattle neben den ins Exorbitante steigenden Immobilienpreisen zu den am meisten diskutierten Themen. Aufstellungen, Tabellenstand, Schiedsrichterentscheidungen – alles wird nicht nur an Stammtischen und in Sportsbars, sondern auch täglich stundenlang in den diversen lokalen Radiostationen analysiert. Die Sportbegeisterung gehört zur Identität der Stadt wie Starbucks, Microsoft und die Space Needle. Mit ein Grund, warum die lokalen Profimannschaften integraler Bestandteil der Alltagskultur sind und deren Fans das Stadtbild entscheidend mitprägen, ist die unmittelbare Nähe der Stadien zur Innenstadt. Vom Pike Place Market **9***, dem Herzen der Stadt, zum CenturyLink und dem gleich daneben gelegenen T-Mobile Park sind es kaum mehr als 15 Gehminuten.*

Am folgenden Wochenende sitze ich wieder in der Sportsbar und auch dieses Mal feiern die Besucher wieder einen Sieg ihrer Mannschaft, nur dass es sich dieses Mal um die ***Seattle Sounders,*** *das hiesige Fußballteam, handelt. Auch sie spielen im CenturyLink Field und auch ihre Spiele sind regelmäßig ausverkauft. Damit stehen sie neben dem Verein aus Atlanta einsam an der Spitze der nordamerikanischen Liga Major League Soccer. Bisheriger Höhepunkt der noch jungen Vereinsgeschichte war der Gewinn der MLS-Meisterschaft in den Jahren 2016 und 2019. Diese Erfolgsgeschichte ist umso erstaunlicher, als der Verein erst im Jahr 2007 gegründet wurde und damit zu einem der jüngsten der Liga zählt. Wohl noch erstaunlicher ist, dass Fußball innerhalb von 10 Jahren dem klassischen nordamerikanischen Sport Baseball den Rang abgelaufen hat. So ist der Zuschauerschnitt pro Spiel bei den Soun-*

ders etwa doppelt so hoch wie im direkt neben dem CenturyLink gelegenen **T-Mobile Park,** dem Stadion der in der Major League Baseball (MLB) spielenden **Mariners.**

Dass Fußball in einer US-Metropole beliebter ist als die älteste Sportart Amerikas, wäre vor nicht langer Zeit noch undenkbar gewesen. Mitverantwortlich für diese Entwicklung ist wahrscheinlich, dass sich die Mariners im Gegensatz zu den Seahawks und den Sounders in ihrer über 40-jährigen Vereinsgeschichte nicht mit Ruhm bekleckert haben. So sind sie eines von nur zwei Teams in der 30 Mannschaften umfassenden MLB, die sich noch nie für die Play-Offs qualifizieren konnten. Die über 80 Heimspiele pro Saison sorgen jedoch dafür, dass sie zwischen März und Oktober trotzdem fester Bestandteil der lokalen Sportberichterstattung sind.

Der gigantische Mobile Park, Stadion der Seattle Mariners

Ein weiteres Beispiel für die Sportbegeisterung der Seattleites wurde am 1. März 2018 geliefert. Nachdem der Stadt nach jahrelangen Bewerbungen und im Wettbewerb mit vielen weiteren amerikanischen Großstädten der Zuschlag der nordamerikanischen **Eishockeyliga NHL** für ein neu zu gründendes Team gegeben wurde, bewarben sich in einem Onlineverfahren innerhalb von 75 Minuten 25.000 Menschen für die insgesamt 15.000 zu vergebenden Saisontickets - inklusive garantierter Anzahlung. Und das in dem Wissen, dass die ersten Spiele erst 3½ Jahre später, mit dem Beginn der Saison 2021/2022 ausgetragen würden. Auch wenn der Name und die Trikots des Teams noch nicht feststehen, darf man sicher seien, dass die Einheimischen innerhalb der nächsten Jahre jeden Schritt des neuzugründenden Teams mit Begeisterung verfolgen werden. Und wer ab Oktober 2021 eine Sportsbar betritt, kann sich schon jetzt auf Hockeyfans freuen, die ihrer Begeisterung freien Lauf lassen.

063se-vs©Ben VanHouten, Seattle Mariners

086se-tb

gilt, ist dabei nur ein kleiner Wermutstropfen, denn gleichzeitig wird Seattle von den Gebirgszügen geschützt und besitzt ein Klima von nahezu mediterraner Milde. Für die Einheimischen gehört es aber zum guten Ton, beim Smalltalk mit Fremden das Gerücht von der miesen Witterung zu pflegen. „Nur zwei Tage schlechtes Wetter", fragt der Busfahrer auf dem Weg zum Flughafen. „Da haben sie aber großes Glück gehabt. Wir haben nämlich 300 Regentage im Jahr."

Genauso nonchalant geht man mit dem **wirtschaftlichen Erfolg** der Stadt um. Zwar sind die Seattleites stolz darauf, doch gleichzeitig gibt man sich auch hier eher bescheiden. Das entspricht zum einen dem in Seattle gepflegten Selbstverständnis, spiegelt jedoch zudem auch die tiefsitzende Skepsis gegenüber der Macht des Geldes wider. Im Grunde ihres Herzen sind die Bewohner der Stadt doch immer noch, was sie vor dem Einzug von Microsoft, Amazon und Starbucks waren – auf ihre Unabhängigkeit und Liberalität bestehende Individuen, die sich letztlich eher mit den nonkonformistischen Idealen eines Jimi Hendrix und Kurt Cobain identifizieren als mit den Verlockungen des neu gewonnenen Reichtums.

Obwohl die unmittelbare Innenstadt von Betonhochhäusern geprägt ist, hat man in kaum einer anderen Millionenstadt so sehr das Gefühl, Teil der Natur zu sein. Jede dritte Familie, so sagt man, besitze ein eigenes Boot für den obligatorischen Wochenendtrip auf dem Puget Sound, dessen Wasserqualität selbst vor dem Hafenbecken in der Elliott Bay ausgezeichnet ist. Die Einheimischen genießen es, an der frischen Luft zu sein und die ungezählten Freizeitmöglichkeiten der Stadt und Umgebung zu nutzen.

Das Klischee des übergewichtigen, vor dem Fernseher Chips essenden Nordamerikaners ist denn auch ziemlich das genaue Gegenteil des „Homo Seattle". Joggen, Fahrradfahren, Inlineskaten, Wandern, Skifahren, Snowboarden, Golfen, Segeln, Hockeyspielen, Fußball – alles geht und aufgrund des zwar häufig regnerischen, doch so gut wie nie wirklich kalten Wetters fast ganzjährig. Kein Wunder, dass Seattle zu einer der fittesten Städte des Landes erklärt wurde.

⌃ *Einer der vielen Straßenkünstler im Bereich des Pike Place Market* 9

› *Seattle ist eine der am schnellsten wachsenden Städte der USA*

Die Kehrseiten des wirtschaftlichen Booms

„Welcome! Rich Kids. Wish you weren't here." Diese wenig einladenden Worte auf einem Poster sprachen vielen der Bewohner des um seine Identität als alternativer Stadtteil fürchtenden Capitol Hill aus der Seele. Dabei ist Capitol Hill nur ein Beispiel für viele weitere. Die Worte **„Ausverkauf"** und **„Identitätsverlust"** machen die Runde. Die Angst vor dem vermeintlichen Verlust des „alten Seattle" und vor den Bedrohungen durch die immer größere Dominanz des Hi-Tech-Booms prägen immer häufiger die Diskussionen in den Leserbriefen der lokalen Zeitungen und an den Stammtischen.

Es ist schon paradox: Auf der einen Seite erlebte die Stadt während der letzten Jahrzehnte einen nie dagewesenen **wirtschaftlichen Aufschwung** und gleichzeitig scheint die Stimmung gereizt wie selten zuvor. Dabei hat Seattle all das, wovon andere Städte noch nicht einmal zu träumen wagen.

Wie kaum eine andere Metropole der USA ist die Stadt **Profiteur der boomenden IT-Branche.** Die Namen des Erfolgs klingeln wie der Gewinn von sechs Richtigen im Lotto. Dabei sind Microsoft, Google, Facebook, Amazon, Apple und Yahoo! nur die bekanntesten der über 2000 in der Stadt angesiedelten Tech-Unternehmen. Im Jahr 2019 waren fast 150.000 Seattleites in der Hightech-Industrie angestellt, deren durchschnittliches Jahreseinkommen mit fast $ 120.000 über die Hälfte höher ist als der US-amerikanische Durchschnitt.

Seit dem Beginn des Millenniums ist die Bevölkerungszahl um über 120.000 Menschen gestiegen, womit Seattle die am schnellsten wachsende Stadt der USA war. Die große Zuwanderung hat einen einzigartigen **Bauboom** ausgelöst. Stadtteile wie Capitol Hill, South Lake Union und Fremont verändern in rasendem Tempo ihr Gesicht. An die Stelle von

085se-as©CascadeCreatives - stock.adobe.com

Reihenhäusern aus den 1950er-Jahren, Supermärkten, Bowlingbahnen und Holzbungalows treten hochmoderne Bürohochhäuser, schicke, auf die Ansprüche und die Einkommen der Neuankömmlinge zugeschnittene Apartment-Hochhäuser, teure Boutiquen und Restaurants.

Was auf den ersten Blick wie eine einzigartige Erfolgsgeschichte erscheint, hat jedoch enorme Folgekosten – und zwar im wahrsten Sinne des Wortes. In den letzten Jahren sind die **Immobilienpreise** in die Höhe geschnellt und gehören inzwischen zu den höchsten im ganzen Land. So ist ein freistehendes Haus nicht mehr unter $ 800.000 zu bekommen. Laut einer jüngsten Umfrage hat der besorgniserregende Preisanstieg im Immobiliensektor die täglichen Verkehrsstaus als das von den Seattleites am meisten kritisierte Problem der Stadt abgelöst. So wandelt sich Seattle zunehmend von einem sozial und kulturell vielfältigen Platz zu einem Ort, in dem sich nur noch die oberen Zehntausend eine Wohnung leisten können. Mittlere und untere Einkommensschichten werden zunehmend in die gesichtslosen Vororte abgedrängt. Das in seinem Kern immer noch alternative, den Auswüchsen des Kapitalismus kritisch gegenüberstehende Seattle sieht den Zustrom des „Big Money" zunehmend kritisch. Viele spüren, dass in der zunehmend vom Geld beherrschten Stadt nicht mehr der Mensch, sondern der Profit im Zentrum steht. Andere wiederum sind der Meinung, dass sich die **Lebensqualität** der Stadt im Zuge der Modernisierung deutlich verbessert hat. Als Beispiele führen sie den öffentlichen Nahverkehr, die größere Auswahl an internationalen Restaurants und die inzwischen deutlich verjüngte Altersstruktur an.

Doch selbst jene, die den Boom und seine finanziellen Folgekosten ursächlich zu verantworten haben, versuchen zunehmend, dem **Trend der sozialen Ausgrenzung entgegen zu treten.** So haben sich Firmen wie Google, Amazon und die Immobiliengesellschaft Alcan dazu entschlossen, 20 % der von ihnen errichteten Neubauten für mittlere Einkommen zu reservieren. Zudem hat sich die Stadtverwaltung verpflichtet, bei Baugenehmigungen mehr Gewicht auf die Genehmigung von Sozialwohnungen zu legen und in den nächsten Jahren soll besonderer Wert auf die Neuansiedlung von alternativen Industriezweigen wie Fischerei, Schiffsbau und Stahlindustrie gelegt werden. Außerdem wurde der Mindestlohn im Angesicht der gestiegenen Lebenshaltungskosten auf $ 15 angehoben. Das mag wie ein Tropfen auf den heißen Stein erscheinen, belegt jedoch gleichzeitig, dass sich zunehmend die Einsicht durchsetzt, dass Seattle nur als eine von ethnischer und sozialer Vielfalt getragene Stadt erfolgreich sein kann.

PRAKTISCHE REISETIPPS

065se-vs©Visit Seattle

An- und Rückreise

Reiseplanung und Flüge

Derzeit fliegen nur Condor und Lufthansa/United von Frankfurt **nonstop** nach Seattle. Von anderen Flughäfen und mit anderen Gesellschaften ist mindestens einmaliges Umsteigen nötig. Findet der **Zwischenstopp** in Europa (z. B. Amsterdam, Keflavik) statt, hat das den Vorteil, dass das Gepäck bis zum Endziel durchgecheckt wird. In den USA durchläuft der Reisende am ersten Flughafen die Immigration-Prozedur und das Gepäck muss abgeholt und neu eingecheckt werden.

Die reine **Flugzeit** beträgt gut 10 Stunden. Je nach Saison und Anbieter beginnen die Preise bei 700 € und steigen auf ca. 1500 €. Am teuersten ist die Hauptreisezeit von Juni bis September. Ein Vergleich lohnt sich auch bei den **Gepäckgebühren**, da z. B. bei vielen Basistarifen das aufgegebene Gepäck extra berechnet wird. Und wer fliegt schließlich nur mit Handgepäck in die USA?

Da der Großteil der Umsteigeverbindungen am Abend in Seattle landet und die Zeitverschiebung neun Stunden beträgt, lassen sich die Auswirkungen des **Jetlag** beim Hinflug weitgehend vermeiden. Die Tage nach der Rückkehr bereiten in der Regel größere Probleme.

Vorseite: Moderne Architektur prägt an vielen Stellen das Antlitz der Stadt

Einer der vielen Highways, die in die Innenstadt führen

Vom Flughafen in die Stadt

Der **Sea-Tac International Airport** befindet sich knapp 30 Kilometer nordöstlich der Innenstadt von Seattle. Mit etwa 50 Mio. Passagieren pro Jahr ist er der größte Flughafen des amerikanischen Nordwestens und der achtgrößte der USA. Er verfügt über vier Terminals *(concourses)*.

Es gibt diverse Transportmöglichkeiten in die Innenstadt. Am schnellsten und problemlosesten geht es mit der **Link Light Rail** (www.soundtransit.org). Je nach Tageszeit fährt diese Schnellbahn alle 6 bis 15 Minuten zur Westlake Station mitten in der Innenstadt (tgl. 5–24 Uhr, Fahrtzeit 37 Min.). Von dort hat man per Bus, Seattle Center Monorail und South Lake Union Streetcar Anschluss an fast alle weiteren Ziele in Seattle. Mit $ 3,25 für Erwachsene ($ 2,25 unter 18 Jahren) ist es zudem ein äußerst günstiger Service.

Der Preis für eine **Taxifahrt** *(flat rate)* vom Flugplatz in die Innenstadt beträgt $ 50. Sehr beliebt sind auch Fahrdienste wie **Uber** und **Lyft.**

Autofahren

Wie in vielen nordamerikanischen Städten ist auch in den meisten Vierteln Seattles das Straßennetz in Form eines Gitters angelegt. Auf der einen Seite ist es so recht einfach zu durchschauen, andererseits gibt es eine Reihe von **Einbahnstraßen** und **Abbiegeverboten**, sodass man zum Teil recht weite Umwege in Kauf nehmen muss. Zu den **Hauptverkehrszeiten** *(rush hour)* von 7 bis 9 und 16 bis 19 Uhr sollte man sich entlang der Hauptausfallstraßen auf größere Wartezeiten einrichten. Seattle gilt

als eine der Städte mit den schlimmsten Verkehrsstaus in Nordamerika überhaupt. Ein weiteres chronisches Problem für Autofahrer sind die viel zu wenigen **Parkhäuser.** Hat man nach ewigem Suchen dennoch einen freien Parkplatz ergattert, muss man sich auf gesalzene Parkgebühren gefasst machen.

Einige der größten Parkhäuser in der Innenstadt sind:

- 131 [D5] **City Centre Public Parking Garage,** 500 Union
- 132 [E6] **Olympic Garage,** 415 Seneca St.
- 133 [C5] **Pike Place Market Parking,** 1531 Western Ave.

In den USA gilt nicht das metrische Maßsystem, sondern das angloamerikanische. Das bedeutet, dass die Geschwindigkeitsangaben in **Meilen pro Stunde** (mph) und die Entfernungen in Meilen angegeben werden. Die **Geschwindigkeitsbegrenzung** in der Innenstadt liegt zwischen 20 und 30 mph (40–48 km/h). Vor Schulen darf man maximal 15 mph (24 km/h) fahren. Außerhalb von Ortschaften gibt es eine Geschwindigkeitsbegrenzung von 55 bis 65 mph (88–105 km/h). Die Geschwindigkeit auf einigen Interstate Highways (ähnlich deutschen Autobahnen) ist ca. 70 bis 75 mph (112–120 km/h). Benzin kostet gewöhnlich etwa 30 % weniger als in Mitteleuropa.

Die allgemeinen **Verkehrsregeln** entsprechen weitgehend denen Europas. Es wird rechts gefahren und die Verkehrszeichen sind leicht verständlich. In vielen Provinzen, so auch im Staate Washington, ist es Pflicht, auch tagsüber das Abblendlicht des Fahrzeugs einzuschalten. Es besteht Gurtpflicht und das Telefonieren während des Fahrens ist verboten.

Eine Besonderheit ist das bei Straßenkreuzungen häufig zu findende **„All Way"-Gebot.** Danach hat das Fahrzeug Vorfahrt, das als erstes an der Kreuzung angekommen ist.

Der nationale **Führerschein** des Besuchers wird in den USA prinzipiell anerkannt, dennoch macht es Sinn, sich im Heimatort einen internationalen Führerschein ausstellen zu lassen. Dieser hat nur in Verbindung mit dem nationalen Dokument Gültigkeit.

Hier einige amerikanische Besonderheiten im Straßenverkehr:

- Das Rechtsabbiegen ist auch bei roter **Ampel** nach einem vollständigen Stopp und bei freier Fahrbahn erlaubt.

- Die **Alkoholgrenze** liegt bei 0,8 Promille. Verstöße werden mit Führerscheinentzug von bis zu drei Monaten geahndet.
- Für **Schulbusse** (gelb mit Aufschrift „School bus") müssen bei Blinklicht und ausgeschwenktem Stopp-Signalschild Autos in beiden Richtungen anhalten.
- **Straßenbahnen** dürfen an Haltestellen nicht rechts überholt werden.

Zwischen den deutschen **Automobilklubs** und der American Automobile Association (AAA) bestehen Kooperationsverträge. Mitglieder dieser Klubs können gegen Vorlage ihres Mitgliedsausweises alle Dienstleistungen der AAA in Anspruch nehmen.

Mietwagen

Wer nur das unmittelbare Stadtgebiet erkunden möchte, kann dies problemlos zu Fuß und mit öffentlichen Verkehrsmitteln tun. Damit spart man sich auch das speziell in der Innenstadt leidige Parkplatzproblem. Das Mieten eines Autos macht Sinn, wenn man auch die Umgebung von Seattle sehen möchte.

Wer sich für das Buchen eines Mietwagens entscheidet, sollte das Fahrzeug bereits vor Reiseantritt reservieren. Besonders günstig sind die von vielen Reiseveranstaltern angebotenen **Fly&Drive-Angebote.** Autovermietungen sind an den Flughäfen und in den Städten zu finden. Die Mietgebühren variieren je nach Saison. Der Preis für einen Mittelklassewagen liegt im Sommer bei etwa 300 bis 350 Euro pro Woche. Das Mindestalter für die Anmietung eines Fahrzeugs liegt bei 21 Jahren.

Der Mietvertrag muss während der gesamten Reise mitgeführt werden. Zu beachten ist, dass der Fahrer einen Nachweis über die in den USA vorgeschriebene **Haftpflichtversicherung** (im Mietpreis enthalten) bei sich führen muss.

Barrierefreies Reisen

Die USA sind insgesamt ein gutes Reiseziel für Menschen mit Behinderung *(handicapped/disabled people).* Ausgewiesene Parkplätze, Aufzüge und Fußwegabsenkungen sind üblich, ebenso gibt es behindertengerechte Mietwagen. Barrierefreie Hotelzimmer sind vorhanden und die meisten Lokale, Sehenswürdigkeiten und Museen sind auch mit Rollstühlen zugänglich.

Der Nahverkehr ist mit Rollstuhlvorrichtungen ausgestattet, Ampeln mit Tonsignalen für Sehbehinderte. Weiterführende Infos erhält man bei:

- **ADAC,** http://adac.de/selbstbestimmt-unterwegs
- **SATH,** Society for Accessible Travel & Hospitality, Tel. 212 4477284, www.sath.org
- **Washington State's Departement of Service for the Blind,** 3411 S Alaska St., Tel. 206 9065500, www.dsb.wa.gov

067se-tb

Die Straßenschilder in Chinatown 20 *sind zweisprachig*

Diplomatische Vertretungen

Die amerikanischen Botschaften **im Heimatland** sind in erster Linie für die Erteilung von Visa zuständig. Ein solches benötigt der „Normalreisende" allerdings nicht. Es gibt Botschaften in Berlin, Wien und Bern sowie Generalkonsulate in Düsseldorf, Frankfurt, Hamburg, Leipzig, München, Zürich und Genf. Details, Zeiten und Adressen finden sich unter:

- https://de.usembassy.gov/ de/die-botschaft-und-die-konsulate
- www.bmeia.gv.at/botschaften-konsulate/suche-nach-auslaendischen-vertretungen-in-oesterreich
- https://ch.usembassy.gov

In Seattle unterhalten Deutschland, Österreich und die Schweiz lediglich Honorarkonsulate, daher sollte man sich im Notfall besser an die **Generalkonsulate in San Francisco bzw. Los Angeles** wenden.

- **Consulate General of the Federal Republic of Germany,** 6222 Wilshire Boulevard, Suite No. 500, Los Angeles, CA 90048, Tel. 323 9302703, www.germany.info/us-en/embassy-consulates/losangeles
- **German Consulate General,** 1960 Jackson Street, San Francisco, CA 94109, Tel. 415 7751061, www.germany.info/us-en/embassy-consulates/san-francisco
- **Consulate General of Austria,** 11859 Wilshire Blvd., Suite 501, Los Angeles, CA 90025, Tel. 310 4449310, www.bmeia.gv.at/gk-los-angeles
- **Consulate General of Switzerland,** Pier 17, Suite 600, San Francisco, CA 94111, Tel. 415 7882272, www.eda.admin.ch/sanfrancisco

Ein- und Ausreisebestimmungen

Einreiseformalitäten

Als Teilnehmer am **Visa Waiver Program** können Reisende aus Deutschland, Österreich und der Schweiz visumfrei in die USA einreisen, sofern sie über einen maschinenlesbaren Reisepass (e-Pass mit Chip, mind. gültig für die gesamte Aufenthaltsdauer), eine gültige elektronische Einreisegenehmigung (ESTA) und ein gültiges Rück- oder Weiterflugticket verfügen.

Auch **Kinder** benötigen einen eigenen Pass und eine ESTA-Registrierung. Reisen Kinder nur mit einem Elternteil oder mit anderen Verwandten, kann sowohl bei der Ausreise als auch bei der Einreise eine **Einverständniserklärung des anderen Elternteils** bzw. der Eltern erforderlich sein. Weitere Informationen gibt das Auswärtige Amt bzw. das zuständige Konsulat.

Die **ESTA-Registrierung** ist gebührenpflichtig ($ 14). Wenn man einmal registriert ist, kann man innerhalb von zwei Jahren mehrfach für jeweils max. 90 Tagen einreisen, sofern der Ausweis so lange gültig ist. Die zuständigen Behörden empfehlen, den Antrag **mindestens 72 Stunden vor Reiseantritt** zu stellen:

- https://esta.cbp.dhs.gov/esta (Antrag)
- https://de.usembassy.gov/de/visa/esta (deutsche Erklärung)

Im Rahmen von **„Secure Flight"** müssen darüber hinaus 72 Stunden vor Abflug alle **maßgeblichen Passagierdaten** (voller Name gemäß Reisepass, Geburtsdatum, Geschlecht) zur Weiterleitung an die TSA (Transportation Security Administration) vorliegen. Normalerweise werden diese Angaben bereits bei Flugbuchung angefordert. Die anzugebende erste Adresse in den USA (inklusive Postleitzahl!) kann beim Check-in nachgereicht werden.

Wer länger als 90 Tage im Land bleibt – zum Beispiel zum Studieren oder Arbeiten – oder Staatsbürger eines Landes ist, das nicht am VWP teilnimmt, muss sich ein **Visum** beschaffen.

Ebenfalls nicht mehr visumfrei einreisen dürfen Staatsangehörige von VWP-Ländern, die seit dem 1.3.2011 in den **Irak**, den **Sudan**, den **Iran** oder nach **Syrien** gereist sind oder die entsprechende **doppelte Staatsangehörigkeit** besitzen.

> https://de.usembassy.gov/de/visa bzw. https://travel.state.gov

Einreisekontrolle

Am **Immigration Counter** des ersten Flughafens in den USA wird der Pass gescannt und es werden ggf. Fragen zu Reiseroute, Zweck der Reise, Reisebudget, Beruf, Bekannten oder Freunden in den USA gestellt. Zudem werden **tintenlose Fingerabdrücke** genommen und es wird ein **Foto** gemacht, ehe es den Stempel mit einer auf normalerweise drei Monate festgelegten Aufenthaltsdauer gibt. Klingt kompliziert und langwierig, doch der Vorgang dauert nur wenige Minuten, lediglich die Warteschlangen vor den Schaltern können gelegentlich etwas Zeit in Anspruch nehmen.

An immer mehr Flughäfen, so auch in Seattle, gibt es außerdem **Automated Passport Control (APC).** Besucher mit ESTA-Registrierung, die schon einmal mit ESTA und dem entsprechenden Reisepass eingereist sind, können diese Geräte benutzen und beschleunigen damit die Prozedur.

> Infos unter: www.cbp.gov/travel/us-citizens/apc

Informationen zu den aktuellen Einreisebestimmungen finden sich unter www.cbp.gov/travel/international-visitors (U.S. Customs & Border Protection).

Zoll

Im Flugzeug werden (noch) **weiße Zollerklärungen** *(customs forms)* verteilt, auf denen anzugeben ist, ob und welche zollpflichtigen Waren mitgeführt werden. Wer an ESTA teilgenommen hat und an einem Flughafen mit Automated Passport Control einreist, muss kein Formular ausfüllen.

Eine **Devisenbeschränkung** gibt es nicht, nur Summen über $ 10.000 müssen deklariert werden. Details zu den Einfuhrbestimmungen erhält man in lokalen Zollämtern bzw. unter:

> **Deutschland:** www.zoll.de
> **Österreich:** www.bmf.gv.at/zoll/reise/einreise-aus-nicht-eu/freigrenze.html
> **Schweiz:** www.ezv.admin.ch

Bei der **Einreise in die USA** gelten folgende Freimengen:

> 1 l Alkohol bzw. 200 Zigaretten oder 100 Zigarren (keine kubanischen)
> Geschenke im Wert bis $ 100
> Verboten sind tierische/pflanzliche Frischprodukte/Lebensmittel, Samen und Pflanzen, zudem Klappmesser u. a. gefährliche Objekte. Bei Medikamenten in größeren Mengen empfiehlt sich ein ärztliches Attest, da die Einfuhr von Rauschmitteln untersagt ist.
> Weitere Details finden sich online unter www.cbp.gov/travel/international-visitors.

Bei der **Rückreise** nach Europa/in die Schweiz gilt:

- Tabakwaren (über 17-Jährige in EU-Länder und CH): 200 Zigaretten oder 100 Zigarillos oder 50 Zigarren oder 250 g Tabak
- Alkohol (über 17-Jährige in EU-Länder): 1 l über 22 Vol.-% oder 2 l bis 22 Vol.-% und zusätzlich 4 l nicht-schäumende Weine und 16 l Bier; in die Schweiz: 2 l (bis 15 Vol.-%) und 1 l (über 15 Vol.-%)
- Andere Waren für den persönlichen Gebrauch (über 15-Jährige) bis zu einem Warenwert von 430 €, in die Schweiz bis CHF 300

Elektrizität

In den USA gibt es **Wechselstrom von 110/120 Volt,** daher müssen mitgebrachte Geräte wie Föhn oder Rasierapparat umstellbar sein. Wegen der anderen Steckdosenform ist außerdem ein **Adapter** nötig, den man am besten von zu Hause mitbringt bzw. in einem Flughafenshop oder Elektronikgeschäft vor Ort kauft.

Geldfragen

Die amerikanische Währungseinheit ist der US-Dollar: $ 1 besteht aus 100 Cent.

- Münzen: Penny (1 c), Nickel (5 c), Dime (10 c), Quarter (25 c)
- Banknoten gibt es im Wert von $ 1, 5, 10, 20, 50, 100, 500 und 1000

Wechselkurs

Stand: Anfang 2020

$ 1	0,90 €/0,96 SFr
1 €	$ 1,12
1 SFr	$ 1,04

Kredit- und Debitkarten (Girocard)

Schon seit vielen Jahren gilt in Nordamerika die Regel: Bargeld ist „out", **Kreditkarte** „in". Selbst Kleinstbeträge werden mit Karte bezahlt. Zudem sind sie nötig, um Kaution (z. B. für den Mietwagen) zu hinterlegen bzw. eine Hotel- oder Ticketbuchung zu garantieren.

Für das bargeldlose Zahlen werden je nach Bank und Karte ca. 1 bis 2 % des Betrags für den Auslandseinsatz berechnet. Immer häufiger wird bei Bezahlung mit Kreditkarte in Läden oder Restaurants (wie am Automaten) die **Eingabe einer PIN-Nummer** verlangt.

Bargeld am Automaten (ATM, Automatic Teller Machine) zu ziehen, kostet eine je nach Bank unterschiedlich hohe Grundgebühr von ca. $ 2 bis 5, die vor Abschluss der Transaktion angezeigt wird und bestätigt werden muss. Hinzu kommen die vom eigenen Kreditkarteninstitut erhobenen Gebühren.

Beim Abheben von Bargeld in Landeswährung wird zudem manchmal angeboten, dass die Abrechnung mit dem eigenen Konto in Euro erfolgen kann. Das Verfahren ist als **Dynamic Currency Conversion** (DCC) bekannt. Wählt man diese Option, die ja sicherer erscheint, wird aber ein ungünstiger Wechselkurs zugrunde gelegt, der erhebliche Kosten verursachen kann. Deshalb sollte man Abhebungen immer in der Landeswährung vom eigenen Konto abbuchen lassen. Dann legt die eigene Bank den offiziellen Devisenkurs zugrunde.

Viele Banken sperren die **Debitkarten** (auch **Girocard** genannt) aus Sicherheitsgründen für den Einsatz im außereuropäischen Ausland oder be-

Seattle preiswert

Die USA insgesamt und Seattle im Speziellen sind ein recht teures Pflaster. Grundsätzlich sollte man davon ausgehen, dass die Preise abgesehen von einigen Ausnahmen deutlich höher sind als die in Mitteleuropa. Mit ein wenig Einfallsreichtum kann man jedoch deutlich sparen, ohne damit seine Reiseerfahrung schmälern zu müssen.

Es beginnt bei der Fahrt ***vom Flughafen in die Innenstadt.*** *Anstatt ein Taxi zu nehmen und eventuell in einen zeitaufwendigen und nervenaufreibenden Stau zu geraten, nimmt man besser die wesentlich günstigere und schnellere* ***Link Light Rail*** *(s. S. 127). Die übersichtliche Innenstadt kann man in Ruhe zu Fuß erkunden, alle weiteren Ziele außerhalb sind hervorragend mit dem städtischen Busnetz zu erreichen.*

Ein besonderes Vergnügen und zudem günstig, ist die Fahrt mit der modernen ***Monorail*** *(s. S. 128) von der Innenstadt zum Seattle Center. Kurz vor der Endstation fährt man sogar durch das Museum of Pop Culture* **5**.

Nicht schnell, dafür günstig und erholsam, ist die Fahrt mit der ***Washington State Ferry*** *zum vorgelagerten Bainbridge Island* **28** *– die frische Meerbrise und die gute Aussicht auf die Innenstadt sind im Fahrpreis inbegriffen (s. S. 52).*

Viele Kaufhäuser besitzen sogenannte ***Food Courts,*** *in denen man für wenig Geld eine große Auswahl an frisch zubereitetem Essen findet. In Seattle besonders beliebt sind zudem* ***Food Trucks.*** *Bei diesen „Essensständen auf Rädern" werden keine fettigen Fast-Food-Gerichte, sondern echte Leckerbissen serviert. Man findet sie besonders zur Mittagszeit an belebten Punkten in der Innenstadt (s. S. 75).*

Einige der beliebtesten ***Museen*** *sind kostenlos zu besichtigen. Hierzu zählen der Klondike Gold Rush National Historical Park* **18**, *das Frye Art Museum, das Living Computers: Museum + Lab und das Museum of History & Industry. Darüber hinaus gewähren diverse Museen an speziellen Tagen und zu gewissen Zeiten freien Eintritt. Hierzu zählen u. a. das Seattle Art Museum* **13** *und das Museum of Flight* **29**.

Mit dem faszinierenden ***Pike Place Market*** **9** *ist die mit Abstand meistbesuchte Sehenswürdigkeit von Se-*

068se-vs©Visit Seattle

attle kostenlos zugänglich. Auch das weitläufige Gelände der Weltausstellung von 1962, das ***Seattle Center*** *1, kann gratis erkundet werden. Abgesehen von den sich hier befindenden eintrittspflichtigen Sehenswürdigkeiten gibt es dort eine Reihe weiterer hochinteressanter Besichtigungspunkte die kostenlos sind. An erster Stelle ist das* ***Bill & Melinda Gates Foundation Discovery Center*** *3 zu nennen. Auch die über die Stadt verteilten* ***Parkanlagen*** *sind alle frei zugänglich (s. S. 85).*

Seattle ist landesweit bekannt für seine bunten, fröhlichen ***Nachbarschafts-Stadtfeste.*** *An erster Stelle sind hier die Stadtviertel* ***Ballard*** *25,* ***Capitol Hill*** *19 und* ***Fremont*** *23 zu nennen. Jeder ist willkommen und erlebt eine ansteckende Mischung aus Musik, Tanz und Lebensfreude. Oft treten auf den öffentlichen Bühnen einige der bekanntesten Bands der Stadt auf. Das Gleiche gilt für die über das gesamte Jahr auf dem Gelände des* ***Seattle Center*** *1 stattfindenden öffentlichen Kulturveranstaltungen. Während der Sommermonate finden sie unter freiem Himmel auf einer Bühne oberhalb des International Fountain statt. Ansonsten innerhalb der Armory. Eine der bekanntesten dieser Reihe ist das Northwest FolkLife (s. S. 87).*

Schließlich sponsert die Stadt im Sommer an öffentlichen Plätzen und Parks in der Innenstadt die sogenannten ***„Lunch Concerts“.*** *Dabei reicht die Bandbreite der auftretenden Musiker und Bands von Klassik über Rock bis Jazz (www.downtownseattle.org).*

Der Pike Place Market 9 besteht aus mehreren Gebäuden, zu denen auch der Corner Market gehört

schränken den Verfügungsrahmen. Außerdem statten einige deutsche Banken ihre Debitkarten mit der Bezahlfunktion **V PAY** aus, bei der nicht der kopierbare Magnetstreifen, sondern der Chip ausgelesen wird. Das hat zur Folge, dass an Bankautomaten in den USA mit solchen Karten kein Geld gezogen werden kann, da die Automaten die Chips nicht lesen können. Wer im Ausland mit seiner Debitkarte bezahlen oder Bargeld abheben möchte, sollte sich im Vorfeld bei seiner Bank erkundigen und die Karte ggf. für das Reiseland freischalten lassen.

Bargeld

Bargeld ist nur in wenigen Fällen nötig, etwa an **Automaten** (v. a. Quarter-Münzen), in **Bussen** oder für **Trinkgeld.** Selbst in Supermärkten kann man mit Kreditkarte zahlen. Es ist prinzipiell auch kein Problem, in einer Bank oder in einer Filiale von American Express, Change Group oder Travelex **Geld zu wechseln,** allerdings ist der Kurs oft ungünstig und es fallen Gebühren an. Dennoch sollte man immer zumindest einen kleineren Betrag an Bargeld zur Verfügung haben.

Reisekosten

Die **Hotelkosten** in Seattle sind verglichen mit Zentraleuropa höher. Eine Übernachtung in einem Mittelklassehotel im Stadtzentrum ist während der Sommermonate von Mai bis September kaum unter $200 zu bekommen. Es lohnt sich, frühzeitig zu buchen und auf Sonderangebote im Internet zu achten. Oft ist es am Wochenende günstiger, da dann keine Geschäftsleute unterwegs sind.

Auch die **Verpflegungskosten** liegen im gehobenen Bereich. $ 20 bis 25 pro Abendessen in einem einfachen Restaurant muss man mindestens kalkulieren. Nicht mit dabei eingerechnet sind die kostspieligen alkoholischen Getränke und die zur Rechnung hinzukommenden Steuern sowie das obligatorische Trinkgeld von 15 bis 20 %. Die Preise für Lebensmittel in Supermärkten liegen zudem mindestens 30 bis 50 % über denen in Deutschland.

Meine Literaturtipps

- *Coll Thrush,* ***Native Seattle,*** *2017. Ausführliche Darstellung der Rolle der Westküstenindianer bei der Besiedlung der Region und der Gründung und Entwicklung Seattles.*
- *Jamie Ford,* ***Hotel on the Corner of Bitter and Sweet,*** *2012. Wie es der Titel schon andeutet, eine tatsächlich bitter-süße Novelle über die Liebe des in Seattle ansässigen Henry Lee zu seiner Mitte der 1940er-Jahre im Zuge des Zweiten Weltkriegs des Landes verwiesenen japanischen Freundin.*
- *Jim Lynch,* ***Truth Like the Sun,*** *2013. Hochinteressanter und unterhaltsamer Roman zu den politischen und gesellschaftlichen Ränkespielen zur Zeit der Weltausstellung und dem Aufstieg von Amazon seit Beginn des neuen Jahrtausends.*
- *Maria Semple,* ***Where'd you go, Bernadette,*** *2014. Die Geschichte der 15-jährigen Schülerin Bee Branch aus Seattle, die das Verschwinden ihrer Mutter aufzuklären versucht, stand mehrere Wochen an der Spitze der Bestsellerlisten der USA und wurde 2019 mit Cate Blanchett verfilmt.*
- *Murray Morgan,* ***Skid Road: An Informal Portrait of Seattle,*** *1982. Einer der besten Romane zur Geschichte Seattles. Speziell die Gründerjahre werden sehr anschaulich durch die Augen von Pionieren der Anfangsjahre der Stadt beleuchtet.*

Informationsquellen

Infostellen in der Stadt

🛈134 [E5] **Visit Seattle,** 701 Pike St., Tel. 001 206 4615800, https://visitseattle.org, geöffnet: tgl. 9–17 Uhr. Freundliches Personal, das einem hilfreich zur Seite steht. Dazu gibt es Broschüren und Stadtpläne.

070se-tb

Souvenirstand in der Innenstadt

Publikationen und Medien

Seattles bedeutendste Tageszeitung ist die **Seattle Times** (www.seattletimes.com). Mit einer Auflage von über 220.000 Exemplaren ist sie die größte Publikation des pazifischen Nordwestens. Seit ihrer Gründung im Jahre 1893 hat sie insgesamt 10 Pulitzer-Preise, die höchste Auszeichnung der USA für herausragende journalistische Leistungen, erhalten.

Die beiden nächstgrößten Zeitungen **The Seattle Weekly** und **The Stranger** sind wöchentlich bzw. alle zwei Wochen erscheinende Publikationen mit Auflagen knapp unter 100.000 Exemplaren. Während der Stranger eindeutig der politischen Linken zuzurechnen ist und sich vornehmlich auf kulturelle Themen spezialisiert hat, ist das Konkurrenzblatt Weekly eher dem konservativen Spektrum angelehnt. Beide sind kostenlos.

Internet

Es ist schon komisch: In der Geburtsstadt von Microsoft, RealNetworks und Amazon stehen nur wenige kostenlose öffentliche **WLAN-Hotspots** zur Verfügung. Dennoch besteht kein Grund zur Panik, kann man sich doch in fast allen Restaurants, Kneipen, Cafés und sogar Geschäften ins dortige WLAN einloggen. Zudem stellen auch immer mehr Hotels diesen Service kostenlos zur Verfügung. Über kostenlose Hotspots informiert https://wifispc.com/united-states/washington/seattle.html.

⊼ *Seattle gilt als eine der tolerantesten und liberalsten Städte Nordamerikas*

LGBT+

Seattle gilt als eine der tolerantesten Großstädte Nordamerikas. Von 2014 bis 2017 regierte der erste schwule Bürgermeister die Stadt. Seither steht mit Jenny Durkan eine lesbische Bürgermeisterin an der Spitze. Seit 2014 sind gleichgeschlechtliche Ehen erlaubt. Die LGBT-Gemeinde ist seit Jahrzehnten ein integraler Bestandteil der Identität von Seattle. Epizentrum der Szene ist **Capitol Hill** ⑲. Hier sind nicht nur die Zebrastreifen in Regenbogenfarben gestrichen, sondern hier befindet sich auch eine besonders große Ansammlung von Szenelokalen. Darüber hinaus gibt es in so gut wie allen anderen Vierteln der Stadt viele weitere Szenetreffs.

•**135** [F4] **Gay City,** 517 E Pike St., Tel. 8606969, www.gaycity.org. Das Informationszentrum Gay City in der E Pike Street ist Anlaufstelle für die gesamte LGBT-Gemeinde.

Klubs und Treffs

136 [G5] **Pony,** 1221 E Madison St., Tel. 3242854, www.ponyseattle.com. Eine der populärsten Bars/Klubs/Discos der Schwulenszene in einer Tankstelle der 1930er-Jahre.

137 [G4] **Queer Bar,** 1518 11th Ave., www.thequeerbar.com, geöffnet: Mo–Fr 16–2, Sa/So 12–3 Uhr. Cocktails, kleine Snacks, Disco, Drag Shows und vieles mehr unter einem Dach.

138 [F4] **R Place,** 619 East Pine St., Tel. 3228828, www.rplaceseattle.com, geöffnet: Mo–Fr 16–2, Sa/So 14–2 Uhr. Seit mehr als 30 Jahren vereint diese Institution der Schwulenszene auf verschiedenen Ebenen einen Tanzklub, eine Lounge und eine Bar.

139 [G4] **The Wildrose Bar,** 1021 E Pike St., Tel. 3249210, www.thewildrosebar.com, geöffnet: Mo 17–22, Di–Do 15–1, Fr/Sa 15–2, So 15–24 Uhr. Seattles älteste Bar für Frauen.

Maße und Gewichte

Längen

1 inch (in)	2,54 cm
1 foot (ft)	30,48 cm
1 yard (yd) (= 3 feet)	0,91 m
1 mile (= 1760 yards)	1,61 km

Flächen

1 square	6,45 cm²
1 square feet	929 cm²
1 square yard	0,84 m²
1 acre	4046,80 m² (0,405 ha)
1 square mile (= 640 acres)	2,59 km²

Hohlmaße

1 pint	0,47 l
1 quart (= 2 pints)	0,95 l
1 gallon (= 4 quarts)	3,79 l

Die Waterfront gehört zu den beliebtesten Freizeitarealen – vor allem bei Familien mit Kindern

Gewichte

1 ounce (oz)	28,35 g
1 pound (= 16 ounces)	453,59 g

Temperaturen

Umrechnungsschlüssel: (Grad Fahrenheit – 32) x 0,56 = Grad Celsius, z. B.:

23 Grad F	-5 Grad C
32 Grad F	0 Grad C
50 Grad F	10 Grad C
60 Grad F	15 Grad C
70 Grad F	21 Grad C
80 Grad F	27 Grad C
90 Grad F	32 Grad C

Medizinische Versorgung

Besonderen Risiken sind USA-Reisende nicht ausgesetzt, spezielle Impfungen sind nicht notwendig und das **Leitungswasser** ist von guter Qualität. Potenziellen **Erkältungen** wegen der Vollklimatisierung von Bussen und Straßen- bzw. U-Bahnen, Läden, Lokalen, Museen etc. kann man durch entsprechende Kleidung vorbeugen, allerdings wird es in Seattle nur selten für längere Zeit extrem heiß. Das Wetter ist eher wechselhaft und man sollte dementsprechend immer Regenzeug dabeihaben.

Den hohen Arzt-, Medikamenten- und Krankenhauskosten in den USA steht ein gut entwickeltes medizinisches System gegenüber. Eine schnelle und gründliche Behandlung ist gesichert, vorausgesetzt, man kann die eigene Zahlungsfähigkeit (durch Vorlage einer Kreditkarte) nachweisen. Bei Praxisbesuchen ist im Allgemeinen sofort zu bezahlen. Gesetzliche Krankenkassen übernehmen die Kosten nicht, weswegen der Abschluss einer **Reisekrankenversicherung** unbedingt angeraten ist.

Notfallversorgung

Hausbesuche sind unüblich. Im Notfall ruft man die Ambulanz oder fährt zu einer Krankenhausnotaufnahme *(Emergency Room/ER)*.

⊕140 [F6] **First Hill Medical Swedish Hospital,** 1124 Columbia St., Tel. 3866000, www.swedish.org, geöffnet: tgl. 24 Stunden

⊕141 [df] **UW Medicine,** 1959 NE Pacific St., Tel. 7443074, www.uwmedicine.org, geöffnet: tgl. 24 Std.

Apotheken

Pharmacies (Apotheken) sind in den USA selten, dafür gibt es in Supermärkten und *drugstores* ein Grundsortiment (größer und preiswerter als in Deutschland) an freiverkäuflichen Arzneimitteln. In *drugstores* wie Rite Aid oder Walgreens kann man an speziellen Schaltern auch ärztliche Verordnungen *(prescriptions)* einlösen.

⊕142 [B4] **Rite Aid,** 2603 3rd St., Tel. 4418790, www.riteaid.com, geöffnet: Mo–Sa 7–21, So 9–19 Uhr

⊕143 [D5] **Walgreens,** 222 Pike St., Tel. 9038392, www.walgreens.com, geöffnet: Mo–Sa 7–22, So 8–22 Uhr

Mit Kindern unterwegs

Ob drinnen oder draußen, Wissenschaft oder Wasserspaß, Kajakfahren oder Raumschiff betrachten – Seattle bietet für Kinder (und deren Eltern) eine Fülle von interessanten Möglichkeiten. Drei der absoluten Favoriten sind das Aquarium, das Pacific Science Center und der Woodland Park Zoo.

Von den über 50.000 Meerestieren des an der Uferpromenade gelegenen **Aquariums** (10) gehören die putzigen Seeotter zu den Lieblingen. Hauptattraktion sind aber die jeden Tag stattfindenden Diving Shows, bei denen die Taucher vor den Augen der Besucher mit den Seetieren spielen. Direkt daneben befindet sich mit dem **Great Wheel** (12) eine Attraktion, die besonders bei Familien mit Kindern beliebt ist.

Das futuristische **Pacific Science Center** (6) auf dem Gelände des Seattle Center (1) ist ein interaktives Museum, in dem auf spielerische Weise wissenschaftliche Phänomene wie Licht, Schwerkraft, Schall und Geräusche erläutert werden. Wie der erhebliche Geräuschpegel verdeutlicht, macht es den Kindern in erster Linie viel Spaß. Auch die Filme angeschlossenen IMAX-Theater sind häufig auf die Interessen von Kindern zugeschnitten. Sozusagen gleich um die Ecke befindet sich zudem das be-

sonders bei Kindern zwischen 2 und 6 Jahren beliebte Children's Museum. Wiederum nur einen Katzensprung entfernt ist der **International Fountain.** Dieser überdimensionale Springbrunnen dient während der Sommermonate als Wasserpark.

Etwas außerhalb gelegen, jedoch mit öffentlichen Verkehrsmitteln problemlos zu erreichen ist der bei Kindern wie Erwachsenen gleichermaßen beliebte **Woodland Park Zoo** (24).

Ideal zum Schwimmen an heißen Sommertagen sind der **Matthews Beach** und der **Madison Park Beach** am Lake Washington. Am wärmsten sind jedoch die Gewässer des **Green Lake.** Zwei verschiedene Strände um den kleinen See, Boots- und Kajak-Ausleihestellen sowie Fahrrad- und Wanderwege machen ihn zu einer idealen Freizeitoase während des Sommers. So lernt man nicht nur die Vororte von Seattle näher kennen, sondern verbringt die Zeit auch aktiv in der Natur. Dies gilt auch für einen Besuch der Schiffsschleusen der **Hiram M. Chittenden Locks** (27) und der gleich daneben gelegenen künstlichen Fischleitern.

Die bunte, vielfältige und spannende Welt des **Pike Place Market** (9) fasziniert Jung und Alt. Hier können Kinder Stunden verbringen. Einige der Favoriten am Pike Place sind neben der „notorischen" Gum Wall der Comicladen Golden Age Collectables, Magic Market mit seinen Trick-Utensilien und natürlich Sweetie's Candy – wer mag schließlich keine Süßigkeiten?

Von den zahlreichen erstklassigen Museen der Stadt ist besonders das tolle **Museum of Flight** (29) mit seinen zum Teil begehbaren Flugzeugen und Raumkapseln für Kinder und Jugendliche interessant.

Ein Vergnügen ganz anderer Art ist das **Seattle Pinball Museum** (s. S. 60) mit über 50 alten und modernen Flippergeräten, an denen man sich und seine nervösen Finger austoben kann.

› **Children's Museum,** Armory (s. S. 19), Tel. 4411768, www.thechildrensmuseum.org, geöffnet: Di–So 10–17 Uhr, Eintritt: $ 12. Das im Erdgeschoss der Armory auf dem Gelände des Seattle Center angesiedelte Museum bietet für Kinder bis zum Alter von sieben Jahren eine Vielfalt an Aktivitäten.

•**144** [ce] **Green Lake**

•**145** [dg] **Madison Park Beach**

•**146** **Matthews Beach**

072se-tb

◁ *Einer der für Seattle so typischen Kuriositätenläden*

Notfälle

In Notfällen wählt man die Telefonnummer **911**, über die man **Polizei, Krankenwagen** und **Feuerwehr** erreicht.

Falls es sich **um keinen akuten Notfall** handelt, wählt man die **311**, dort erfährt man auch die zuständigen **Polizeireviere.** Bei Diebstahl (zum Beispiel des Reisepasses) oder sonstigen Verbrechen ist dort Anzeige zu erstatten.

Für die Ausstellung eines Ersatzreiseausweises ist die diplomatische Auslandsvertretung des Heimatlandes zuständig (s. S. 109). Auch in anderen Notfällen medizinischer oder rechtlicher Art bemüht man sich dort, vermittelnd zu helfen.

Kartensperrung

Bei **Verlust der Debit-/Giro-, Kredit- oder SIM-Karte** gibt es für Kartensperrungen eine **deutsche Zentralnummer** (unbedingt vor der Reise klären, ob die eigene Bank bzw. der jeweilige Mobilfunkanbieter diesem Notrufsystem angeschlossen ist). **Aber Achtung:** Mit der telefonischen Sperrung sind die Bezahlkarten zwar für die Bezahlung/Geldabhebung mit der PIN gesperrt, nicht jedoch für das **Lastschriftverfahren mit Unterschrift.** Man sollte daher auf jeden Fall den Verlust zusätzlich **bei der Polizei zur Anzeige bringen,** um gegebenenfalls auftretende Ansprüche zurückweisen zu können.

In **Österreich** und der **Schweiz** gibt es keine zentrale Sperrnummer, daher sollten sich Besitzer von in diesen Ländern ausgestellten Debit- oder Kreditkarten vor der Abreise bei ihrem Kreditinstitut über den zuständigen Sperrnotruf informieren.

Generell sollte man sich immer die **wichtigsten Daten** wie Kartennummer und Ausstellungsdatum **separat notieren,** da diese unter Umständen abgefragt werden.

› **Deutscher Sperrnotruf** (von den USA aus): Tel. 011 49 116116 oder Tel. 011 49 30 40504050
› **Weitere Infos:** www.kartensicherheit.de, www.sperr-notruf.de

Wer dringend Geld benötigt, kann es sich über Western Union/Reisebank (www.reisebank.de) schicken lassen.

Fundbüros

Es gibt kein städtisches Fundbüro, lediglich die Verkehrsbetriebe Metro Transit und der Flughafen unterhalten „Lost & Found"-Schalter:

•**147** [E7] **Metro Transit Lost & Found,** 201 S Jackson St., Tel. 5533000, http://metro.kingcounty.gov/cs/lostnfound.html, geöffnet: Mo–Fr 8.30–13, 14–16.30 Uhr
› **Seattle Sea Tac Airport Lost & Found,** Tel. 7875312, www.instafilereporting.com

Öffnungszeiten

In den USA gibt es kein Ladenschlussgesetz. In Seattle fällt auf, dass die **Läden** selbst im Stadtzentrum eher früher als später schließen, viele schon gegen 18 oder 19 Uhr. Sie öffnen meist um 10 (manchmal 11) Uhr. **Malls** haben länger geöffnet (mind. bis 20 Uhr), **Restaurants** machen meist um ca. 11.30/12 Uhr auf und servieren bis ca. 14 Uhr und abends von ca. 18 bis 22 Uhr warmes Essen. Spitzenrestaurants sind vielfach nur zum Abendessen geöffnet. Brewpubs öffnen meist am Nachmittag.

Post

Das **Porto** nach Deutschland, Österreich und in die Schweiz beträgt für Karten und Standardbriefe bis 1 oz (28 g) $ 1,15 (jede weitere oz: 98 c). Für Inlandspost (Standard oder „First Class") gilt: Briefe bis 1 oz kosten 50 c, jede weitere oz 21 c, Karten 35 c (Stand: Winter 2019).

Ein Standardbrief oder eine Postkarte sollten von Seattle nach Mitteleuropa nicht mehr als fünf Tage unterwegs sein.

⊠**149** [D6] **US Post Office,** 301 Union St., Mo–Fr 8–18.30, Sa bis 17 Uhr

Radfahren

Die Stadt Seattle hat in den vergangenen Jahren enorme Anstrengungen unternommen, um die Metropole attraktiv und sicher für Radfahrer zu gestalten. So wurden viele Fahrradwege entlang der Innenstadtstraßen angelegt, die meisten öffentlichen Busse verfügen über „Bike Racks" und zudem stehen diverse Fahrradverleihe zur Verfügung.

073se-tb

Warum Seattle jedoch letztlich nicht mit dem östlich gelegenen Portland, der Bike City der USA schlechthin, mithalten kann, liegt an seiner Topografie. Für die Erkundung der „Stadt auf sieben Hügeln" benötigt man schon eine gute Kondition, muss man doch fast überall zum Teil recht steile **Anstiege** überwinden.

Die einzige Ausnahme bietet die fast gänzlich flache **Waterfront,** sodass sich hier mit dem **Seattle Urban Loop** (s. S. 17) auch die empfehlenswerteste Fahrradroute der Innenstadt anbietet.

Mit **Lime** (grün, www.limebike.com) und **Jump** (rot, https://jump.com) gibt es zwei Leihrad-Anbieter, die um die Gunst der Städter buhlen. Nachdem man sich die jeweilige App heruntergeladen hat, muss man zunächst unter Eingabe der eigenen Kreditkartennummer ein Konto eröffnen. Danach folgt man den leicht zu verstehenden Anweisungen. Die Preise variieren je nach Anbieter. Man sollte von 10 Cent pro Minute für normale und 20 Cent für Elektrofahrräder ausgehen.

Darüber hinaus gibt es eine Reihe von lokalen Fahrradshops, bei denen man Drahtesel ausleihen kann:

S150 [E7] **Back Alley Bike Repair,** 314 1st Ave. S, Tel. 3071179, www.backalleybikerepair.com, geöffnet: Mo–Fr 9–18 Uhr

S151 [D6] **The Bicycle Repair Shop,** 68 Madison St., Mo–Fr 8–18 Uhr, Tel. 6827057, geöffnet: Sa/So, www.thebicylerepairshop.com

☒ *Fahrrad-Verleihstation in der Innenstadt*

Sicherheit

Seattle gilt im Vergleich zu anderen Metropolen in den USA als relativ sicher. Im Zusammenhang mit Touristen sind **Taschendiebstähle** das häufigste Delikt. Dementsprechend ist besonders bei Menschenaufläufen oder im öffentlichen Nahverkehr Vorsicht geboten.

Die in diesem Buch beschriebenen Stadtviertel gelten gemeinhin als sicher, doch wie überall sind die üblichen Vorsichtsmaßnahmen sinnvoll: So sollte man nur wenig Bargeld mitführen, Dokumentkopien getrennt von den Originalen dabeihaben, keinen auffälligen Schmuck tragen und Smartphones nicht offen liegen lassen.

Was im (klimatisch ganzjährig relativ milden) Seattle auffällt, ist die relativ große Zahl an **Obdachlosen.** Gerade im Bereich der South Jackson Street und in Teilen des Stadtteils Pioneer Square sollte man insbesondere nach Einbruch der Dunkelheit Vorsicht walten lassen.

Sprache

Ganz ohne **Englisch** kommt man in den USA nicht aus, allerdings ist Smalltalk auch mit kleinem Wortschatz möglich und die Erwartungshaltung der Amerikaner nicht sehr hoch. Das **Amerikanische** weicht vom Schulenglisch ab, es gibt Unterschiede bezüglich Wortschatz, Grammatik und Aussprache.

Gewisse Universalfloskeln gehören zum guten Ton, z. B. „How are you (today)?" Diese Frage nach dem Befinden ist nicht wortwörtlich zu verstehen, sondern eher eine Begrüßungsformel.

„Have a nice day/trip", dient der Verabschiedung, ebenso wie „It was a pleasure meeting you" oder „See you". Letzteres ist selten als Einladung gemeint, sondern vielmehr ein legerer Abschiedsgruß.

Stadttouren

Spaziergänge

- **Seattle Free Walking Tours,** www.seattlefreewalkingtours.com. Nach dem Motto „Pay what you feel", werden zwei Touren angeboten. Die 70-minütige „Pike Place Tour" gibt einen interessanten Einblick in die Geschichte und die Vielfalt des berühmten Bauernmarkts im Zentrum. Die „Tour 101" vereint Downtown, die Waterfront und das historische Viertel Pioneer Square. $ 10 werden als Minimum erwartet.
- **Chinatown Discovery Tours,** https://seattlechinatowntour.com. In Zusammenarbeit mit dem Wing Luke Museum (s. S. 60) werden unter verschiedenen Themenschwerpunkten stehende Stadtrundgänge durch den Chinatown-International District angeboten.

Kulinarische Touren

- **Eat Seattle,** 1433 First Ave., Tel. 6319413, www.eatseattletours.com. Die am Pike Place angesiedelte Agentur Eat Seattle hat sich auf die Durchführung von kulinarischen Touren spezialisiert. Am beliebtesten ist eine von einem Chefkoch geführte zweistündige Tour auf dem Areal des Pike Place Market. Es werden insgesamt 16 Stopps mit Essensproben an Spezialitätengeschäften eingelegt ($ 49,99). Darüber hinaus gibt es auch diverse weitere Angebote wie eine „Beer & Wine"- oder eine „Chocolate & Coffee"-Tour.

074se-vs©Alabastro Photography

Bootstouren

- **Alki Kayak Tours,** 1660 Harbor Ave. SW, Tel. 9530237, www.kayakalki.com, geöffnet: Sa/So 12–18 Uhr. Es gibt kaum eine individuellere und schönere Art, um die Skyline von Seattle vom Puget Sound aus zu erleben. Eine dreistündige Kajaktour zum Alki Lighthouse kostet $ 89.
- **Argosy Tours,** 1101 Alaskan Way, Pier 55, Tel. 62314451, www.argosycruises.com. Von einstündigen Hafenrundfahrten bis zu vierstündigen Ausflügen zu vorgelagerten Inseln mit Abendessen bietet diese Chartergesellschaft eine Vielfalt an Bootstouren.
- **Ride the Ducks of Seattle,** 516 Broad St., Tel. 4413825, www.rideth educksofseattle.com, Erw. $ 38, ab 65 Jahre $ 35, 4–12 Jahre $ 23, unter 4 Jahren $ 5. Mit restaurierten Amphibienfahrzeugen aus dem Zweiten Weltkrieg geht es zunächst vorbei an den bekanntesten Sehenswürdigkeiten durch die Straßen von Downtown. Danach „taucht man ab" in den Lake Union und genießt die ungewöhnliche Fahrt entlang von Hausbooten und mit schöner Aussicht auf Seattle.

Telefonieren

Bei **Ortsgesprächen** (die aus dem Festnetz gebührenfrei sind) muss man der 7-stelligen Rufnummer den *area code* für Seattle (206) voranstellen. Bei **Ferngesprächen** muss zudem eine 1 vorgewählt werden. Wer **vom Ausland aus in die USA** telefoniert, wählt die Vorwahl 001, dann den *area code* und danach die eigentliche Rufnummer.

Das Telefonieren mit dem in Nordamerika unter dem Namen *cell phone* bzw. *mobile phone* bekannten **Handy** stellt keinerlei Probleme dar. Wegen der **Roaming-Gebühren** im nichteuropäischen Ausland können bei Nutzung einer mobilen Datenverbindung allerdings hohe Kosten anfallen. Daher sollte man vor der Reise bei seinem Netzbetreiber Informationen über evtl. günstigere Auslandsdatenpakete einholen oder die Mo-

Kajakfahren in der Elliott Bay mit Blick auf die Skyline

Landesvorwahlen
Deutschland: 011-49
Österreich: 011-43
Schweiz: 011-41

bile-Daten-Option deaktivieren und nur über kostenlose WLAN-Netze online gehen. Bei längeren Aufenthalten kann der Kauf einer amerikanischen SIM-Karte sinnvoll sein.

In **Hotels** wird das Telefongespräch über die Kreditkarte abgerechnet, dies ist jedoch in der Regel erheblich teurer. Bei **Telefonkarten**, mit denen man von jedem Telefon aus telefonieren kann, wird zwischen *calling cards* (monatliche Abrechnung) und *prepaid phone cards* (aufgeladen mit einem bestimmten Betrag) unterschieden. Eine Übersicht über Anbieter und Preise gibt es unter www.callingcards.com.

Uhrzeit

Die Vereinigten Staaten sind in vier Hauptzeitzonen eingeteilt – Eastern Time, Central Time, Mountain Time, Pacific Time –, die eine Verschiebung von sechs bis neun Stunden von der Mitteleuropäischen Zeit bedeuten.

Der Staat Washington gehört zur Pacific Time Zone und weist **9 Stunden Zeitverschiebung** (zurück) gegenüber der MEZ auf. Wenn es in Deutschland 12 Uhr ist, ist es in Seattle also 3 Uhr nachts.

In den USA wird bei der **Uhrzeit** nicht bis 24 durchgezählt, sondern nur bis 12. Die Zufügung von „a.m." (ante meridiem) weist auf vormittags, „p.m." (post meridiem) auf nachmittags hin. 12 Uhr mittags heißt „noon", 24 Uhr „midnight".

Sommerzeit (Daylight Saving Time/DST) herrscht in den USA vom 2. So im März bis zum 1. So im November.

Das **Datum** wird in der Reihenfolge Monat–Tag–Jahr angegeben, z. B. September 5, 2019 oder kurz 9-5-2019.

Unterkunft

Mit über 15.000 Hotelzimmern verfügt allein die Innenstadt von Seattle über ein enormes Kontingent an Übernachtungsmöglichkeiten. Dennoch kann es in der Haupttouristensaison von Juni bis Mitte September und während Großveranstaltungen und Messen zu Engpässen kommen, sodass Reservierungen während dieser Zeit empfehlenswert sind.

Erfreulicherweise bietet sich gerade im Innenstadtbereich eine **große Auswahl an Hotels aller Preiskategorien.** Von Luxusunterkünften bis zur Jugendherberge ist alles dabei. Insgesamt liegen die Hotelpreise in Seattle jedoch um einiges über dem Durchschnitt einer mitteleuropäischen Stadt. Zwischen den beiden Extremen findet man alles vom Kettenhotel bis zu den vor allem im Stadtteil Capitol Hill angesiedelten **Bed and Breakfasts.** Das stilvolle Wohnen in ruhiger Lage in diesen zu Pensionen umgewandelten alten Villen erfreut sich besonders bei anspruchsvollen Individualtouristen großer Beliebtheit, ist allerdings auch nicht billig. Daneben gibt es zahlreiche weitere Downtown-Hotels, die aufgrund ihrer zentralen Lage und der für eine Weltstadt wie Seattle günstigen Preise den Mangel an Atmosphäre mehr als wettmachen.

Die hier aufgeführten Preiskategorien gelten in den Hauptreisezeiten für

Buchungsportale

Neben Buchungsportalen für **Hotels** (z. B. www.booking.com, www.hrs.de oder www.trivago.de) bzw. für **Hostels** (z. B. www.hostelworld.de oder www.hostelbookers.de) gibt es auch Anbieter, bei denen man **Privatunterkünfte** buchen kann. Portale wie www.airbnb.de, www.wimdu.de oder www.9flats.com vermitteln Wohnungen, Zimmer oder auch nur einen Schlafplatz auf einer Couch. Diese oft recht günstigen Übernachtungsmöglichkeiten sind **nicht unumstritten,** weil manchmal normale Wohnungen gewerblich missbraucht werden. Einige Städte greifen deshalb regulierend ein.

ein Doppelzimmer ohne Frühstück. In der Nebensaison werden von einigen Hotels und Internetanbietern Rabatte von bis zu 50% gewährt. Zu bedenken ist, dass beim Auschecken auf den ausgehandelten Zimmerpreis noch **15,6% Steuern** hinzugerechnet werden. Wer mit eigenem Auto anreist, muss außerdem noch eine **Parkgebühr** *(parking fee)* für die Benutzung der hoteleigenen Tiefgarage zahlen, die bei ungefähr 20 bis $30 pro Tag liegt.

Edel und gediegen

152 [E6] **Hotel Arctic Club** $$$, 700 3rd Ave., Tel. 3400340, https://thearcticclubseattle.com. **Stilvoll und gemütlich zugleich.** Der aus den Zeiten des Goldrauschs stammende ehemalige Herrenklub für die wenigen Glücklichen, die es zu Reichtum und Ruhm gebracht hatten, gilt als eines der elegantesten Hotels in Seattle.

153 [D4] **Hotel Max** $$$, 620 Stewart St,. Tel. 7286299, www.hotelmaxseattle.com. **Nur wenige Minuten vom Stadtzentrum entfernt.** Lobby und Zimmer des Boutiquehotels im ruhigen Belltown sind mit insgesamt 350 Pop-Art-Kunstwerken dekoriert. Die Zimmer sind etwas klein.

154 [D6] **Hotel Monaco** $$, 1101 4th Ave., Tel. 6211770, www.monaco-seattle.com. **Zentral gelegen und rundum gelungen.** First-Class-Hotel mit modern eingerichteten Zimmern, hervorragendem Service und einem ausgezeichneten Restaurant.

155 [C5] **Inn at the Market** $$$$, 86 Pine St., Tel. 4433600, www.innatthemarket.com. **Top-Boutiquehotel im Zentrum.** Das Boutiquehotel überzeugt mit seiner guten Lage direkt am Pike Place, großen, modern gestalteten Zimmern und einem ausgezeichneten Service. Kleiner Tipp: Die Dachterrasse mit ihrem guten Ausblick auf die Elliott Bay ist fast immer gähnend leer. Am besten man kauft sich einen leckeren Snack in den umliegenden Restaurants und eine gute Flasche Wein und genießt dort oben einen „Sonnenuntergang de luxe".

156 [D6] **Kimpton Alexis Hotel** $$$, 1007 First Ave., Tel. 6244844, www.alexishotel.com. **Elegantes Boutiquehotel im Zentrum von Downtown.** Das 1901 erbaute Haus kombiniert den Charme der Gründerjahre mit den Annehmlichkeiten der Neuzeit. Sehr gutes hauseigenes Restaurant und Spa.

157 [B5] **The Edgewater Hotel** $$, 2411 Alaskan Highway, Tel. 7287000, www.

Preiskategorien

Preiskategorien für ein Doppelzimmer ohne Frühstück:

$	bis $100
$$	$100–$150
$$$	$150–$250
$$$$	ab $250

075se-tb

edgewaterhotel.com. **Erstklassige Lage.** Etwas in die Jahre gekommenes und dennoch nach wie vor ausgezeichnetes Hotel direkt an der Elliott Bay mit großartigem Ausblick und dennoch nur wenige Gehminuten vom Zentrum entfernt.

158 [C4] **WhyHotel** $$, 210 Wall St., Tel. 5962424, www.whyhotel.com. **Modernes Apartment-Hotel.** Das neueröffnete WhyHotel im immer populärer werdenden Stadtteil Belltown in Gehdistanz zum Stadtzentrum ist irgendwo zwischen Airbnb und klassischem Hotel angesiedelt. Vermietet werden große Apartment-Einheiten mit modernen Küchen, Bade- und Schlafzimmern. Die Mitbenutzung des hauseigenen Fitnesscenters ist inklusive und es gibt Waschmaschine und Trockner.

Gut und günstig

159 [B4] **Ace Hotel** $, 2423 1st Ave., Tel. 4484712, www.acehotel.com. **Cooles Hotel zu günstigen Preisen in Gehdistanz zum Pike Place Market.** Älteres, dafür cooles Hotel in Belltown. Man hat die Wahl zwischen verschiedenen Preiskategorien, wobei die günstigsten Zimmer nur über Gemeinschaftsbadezimmer verfügen. Ausgezeichnetes Frühstück.

160 [D7] **Best Western Plus Pioneer Square Hotel** $, 77 Yesler Way, Tel. 3401234, www.bestwestern.com. **Im historischen Viertel.** Einfaches, aber sauberes Hotel in guter Lage im historischen Pioneer Square District mit ordentlichen, wenn auch etwas abgewohnten Zimmern.

161 [E7] **Courtyard Pioneer Square** $$, 612 2nd St., Tel. 6251111, www.marriott.com. **Modernes Hotel in historischem Gebäude.** Komfortable Zimmer mit großen Fenstern, dazu eigener Pool und Fitnesszentrum.

162 [D5] **Green Tortoise Hostel** $, 105 1/2 Pike St., www.greentortoise.net. **Seattles beliebtestes Hostel.** Das Green Tortoise ist nicht nur wegen seiner tollen Lage gleich gegenüber dem Pike Place Seattles mit Abstand beliebtestes Hostel, sondern auch dank seiner Sauberkeit, dem superfreundlichen Personal und der tollen Atmosphäre des historischen Hauses.

Seattle verfügt über eine große Auswahl an Unterkünften

163 [cf] **Hotel Hotel Fremont** $, 3515 Fremont. Tel. 2574553, www.thehello.com. **Hostel im hippen Fremont.** Auch einige Doppelzimmer und ein Familienraum mit vier Betten. Mit Gemeinschaftsküche und Aufenthaltsraum.

164 [C5] **Moore Hotel** $, 1926 2nd Ave., www.moorehotel.com. **Hervorragendes Preis-Leistungs-Verhältnis.** Ausgezeichnete Lage am Rande der Innenstadt, 100 recht große Zimmer und ein ausgezeichneter Coffeeshop machen das Moore Hotel zu einer der besten Budget-Unterkünfte Seattles. Allerdings keine Klimaanlage.

165 [B2] **The Maxwell** $$, 300 Roy St., Tel. 877 2989728, www.staypineapple.com. **Freundliches Hotel in der Nähe des Seattle Center.** Wegen seines, wenn auch kleinen, Pools, der familiengerechten „Family Suites" und des Pizzarestaurants gleich um die Ecke besonders für Familien geeignet.

166 [D4] **Warwick Hotel** $, 401 Lenora St., Tel. 44300, www.warwickhotels.com. **Zentral und günstig.** Modernes Hotel mit komfortablen Zimmern in guter Lage zwischen Pike Place und Seattle Center. Die Zimmer ab dem 5. Stock verfügen über einen guten Ausblick.

Bed and Breakfast

167 [G3] **11th Ave. Inn Bed and Breakfast** $$, 121 11st Street., 11stavenueinn.com. **Günstige Pension in Capitol Hill.** Insgesamt acht einfache, aber dennoch gemütlich eingerichtete Zimmer in einem Haus in Beacon Hill. Alle Zimmer befinden sich im Obergeschoss, es gibt keinen Aufzug.

168 [G4] **Gaslight Inn** $$, 1727 15th Ave., Tel. 3253654, www.gaslight-inn.com. **Ausgezeichnete Pension mit Pool.** Das unter Denkmalschutz stehende Gaslight Inn mit seinen acht stilvollen Zimmern, der zum Verweilen einladenden Lobby mit Kamin und sogar eigenem Swimmingpool gehört zu den besten B&Bs in Seattle. Auch hier ist wieder die Lage im ruhigen und gleichzeitig innenstadtnahen Capitol Hill ein extra Plus.

169 [G2] **Mozart Guest House** $$, 1013 15th Ave. E, Tel. 2905712, http://mozart-guest-house.1seattlehotels.com. **Ausgezeichnetes Frühstück inklusive.** Aus dem Anfang des 20. Jh. stammende viktorianische Villa in ruhiger Lage mit vier individuell eingerichteten Zimmern um die Ecke vom Volunteer Park in Capitol Hill. Das Frühstück ist im Preis inbegriffen.

170 [F2] **The Bacon Mansion** $$, 4528, 959 Broadway E, Tel. 3291864, www.baconmansion.com. **Wohnen mit Stil.** In dieser Tudor-Villa aus der Jahrhundertwende mit ihrem zum Entspannen einladenden großen Garten und Balkonen in einer ruhigen Wohngegend in Capitol Hill scheint die Hektik der Innenstadt meilenweit entfernt und doch ist sie gut zu Fuß zu erreichen. Die insgesamt 11 Zimmer sind alle in gutem Zustand, doch unterschiedlich groß. Ausgezeichnetes Frühstück.

Verhaltenstipps

Auch im sonst sehr toleranten Seattle werden die typisch amerikanischen Eigenschaften großgeschrieben: Freundlichkeit, Hilfsbereitschaft, Diskretion und Disziplin. Vordrängen, Muffigkeit, Aggressivität und Hektik sind verpönt, Letzteres v. a. auch beim Autofahren. Fußgänger und Radfahrer, aber auch Busse und Straßenbahnen genießen im Straßenverkehr Vorrecht.

- Im Restaurant werden 15 bis 20 % **Trinkgeld** *(tip/gratuity)* erwartet und auch Taxifahrer und Zimmermädchen erhoffen sich eine kleine Zuwendung.

077se-tb

- Zum Thema **Rauchen** s. S. 71.
- Es darf kein **Alkohol** an Personen unter 21 Jahren verkauft oder ausgeschenkt werden, zudem ist der Konsum von Alkohol in der Öffentlichkeit verboten.
- Das **Händeschütteln** ist in den USA nicht üblich, dafür werden schnell die Vornamen benutzt.
- **Tischsitten:** Amerikaner schneiden auch im Restaurant mit dem Messer vor und benutzen dann nur noch die Gabel. Essensreste kann man sich überall zum Mitnehmen einpacken lassen.
- **Toiletten** werden *restroom, ladies'/ men's room* oder *bathroom* genannt. **Handys** heißen in den USA *mobile* oder *cell phone.*

Verkehrsmittel

Öffentlicher Nahverkehr

Das innerstädtische Verkehrssystem bestehend aus der Stadtbahn Link Light Rail, dem Bussystem und der Straßenbahn wird von **King County Metro** betrieben. Die bisher einzige, 32 km lange Linie der **Link Light Rail** verbindet den Flughafen Tacoma und die Innenstadt und führt bis zur Universität. Insgesamt werden 14 Stationen angefahren. Die Gesamtfahrzeit vom Ausgangspunkt Angle Lake bis zur Universität Washington beträgt 48 Minuten. Die sowohl auf Stelzen als auch unterirdisch fahrende Stadtbahn verkehrt werktags von 5 bis 1 Uhr und am Wochenende von 6 bis 24 Uhr.

Das **Busnetz** ist speziell im Innenstadtbereich recht flächendeckend, die meisten Linien fahren von 5 bis 1 Uhr. Wer pro Fahrt bezahlt, muss exaktes Kleingeld bereithalten, da der Fahrer kein Wechselgeld ausgibt.

Mit der South Lake Union Streetcar und der First Hill Streetcar sind zwei **Straßenbahnlinien** mit einer Gesamtlänge von 6,1 km in Betrieb. Sie verbinden die Innenstadt mit den Vororten South Lake Union und Capitol Hill. Die Verkehrszeiten liegen zwischen 6 und 21 Uhr, am Wochenende bis 23 Uhr.

Seattle verfügt über ein ausgezeichnetes Busnetz

078se-tb

Unter https://kingcounty.gov/depts/transportation/metro.aspx kann man seinen **Fahrplan** erstellen und ausdrucken. Hier sind auch alle Fahrtrouten einsehbar.

> **Puget Sound Trip Planner:** Hilfreiche App für alle öffentlichen Verkehrsmittel in Seattle und Umgebung. Neben einem Reiseplaner bietet er u. a. auch aktuelle Infos über Verspätungen, Staus, etc. (kostenlos für iOS und Android).

Die **Fahrpreise** sind entsprechend den Entfernungen in **fünf Zonen** eingeteilt und liegen zwischen $ 2,75 (eine Zone) bis $ 3,75 (fünf Zonen). Kinder bis zu 5 Jahren fahren kostenlos, Jugendliche von 6 bis 18 Jahren zahlen $ 1,50, Senioren (ab 65 Jahre) $ 1. Ein Umsteigen ist nur in andere Metro-Busse erlaubt. Dazu muss man jedoch den Busfahrer beim Fahrscheinkauf um ein sogenanntes *paper transfer ticket* bitten. Der **All-Day Regional Pass** kostet $ 8 und berechtigt zur unbeschränkten Benutzung der Verkehrsmittel innerhalb von 24 Stunden.

Bei der **ORCA Card** handelt es sich um eine wiederaufladbare Karte, die man in fast allen Verkehrsmitteln (außer dem Monorail) von King Country Metro-Stationen bargeldlos nutzen kann. Beim Kauf der Karte (an den meisten Kiosken oder Verkaufsstellen von King Country Metro) muss man einen Minimum-Betrag von $ 5 erwerben. Der maximale Wert einer ORCA Card darf $ 300 nicht überschreiten. Zu Beginn einer jeden Fahrt wird die Karte an das Kartenlesegerät gehalten.

Mehr eine städtische Kuriosität als ein wirkliches Nahverkehrsmittel ist die nur 1,6 km lange **Monorail.** Die Strecke wird ohne Halt innerhalb von 2 Minuten zurückgelegt. Die auf Stelzen errichtete Hochbahn wurde zur Weltausstellung im Jahr 1962 errichtet und war damals ein Sinnbild des technischen Fortschritts. Noch heute sieht sie futuristisch aus und ist besonders bei Touristen beliebt, die von

⌃ *Haltestelle der Monorail*

076se-tb

der Innenstadt zum Gelände des Seattle Center ❶ gelangen wollen. Die Monorail fährt in der Woche von 7.30 bis 22 und am Wochenende von 8.30 bis 23 Uhr im Abstand von 10 Minuten. Der **Fahrpreis** beträgt $3/1,50 (Jugendliche und Senioren). Die Tickets werden an den beiden einzigen angefahrenen Stationen (Seattle Center/Westlake Center Mall) verkauft.

› www.seattlemonorail.com

Alle genannten Verkehrsmittel sind behindertenfreundlich und können Fahrräder transportieren.

Taxi

Taxis winkt man aus dem fließenden Verkehr zu sich. Hat man zur *rush hour* kein Glück, findet sich ein wartendes Taxi meist an größeren Hotels. Die Grundgebühr beträgt $2,60, jeder weitere Meile $2,50.

Bekannte Taxigesellschaften sind:

› **Orange Cab Company,** Tel. 4440409
› **Seattle Yellow Cab,** Tel. 6626500

Darüber hinaus sind Fahrdienste wie **Uber** und **Lyft** sehr populär.

Versicherungen

Eine private **Auslandskrankenversicherung** ist in den USA unverzichtbar. Da die Kosten für Behandlung und Medikamente von den gesetzlichen und auch vielen privaten Krankenversicherungen in Deutschland und Österreich (Schweizer je nach Krankenkasse verschieden) nicht übernommen werden, können hohe Kosten anfallen. Zur Erstattung der Kosten zu Hause benötigt man ausführliche Quittungen, in denen alle Leistungen penibel aufgeführt sind.

Reiserücktritts-, Gepäck-, Reisehaftpflicht- oder Reiseunfallversicherungen enthalten viele Ausschlussklauseln und zudem sind gewisse Schäden und Verluste oft bereits durch normale Privathaftpflicht- oder Unfallversicherungen abgedeckt. Auch in manchen (Gold-)Kreditkarten sind Versicherungen enthalten. Hier lohnt es sich auf jeden Fall, vor Reiseantritt die jeweiligen Policen genauestens zu prüfen!

Eines von Seattles Taxis

079se-as©kanonsky - stock.adobe.com

Wetter und Reisezeit

Seattle ist in ganz Nordamerika als „Regenloch" bekannt. Es soll rund 167 **Regentage** im Jahr geben. Es gibt aber auch gute Nachrichten: Erstens ist das Klima im Vergleich zum US-amerikanischen Durchschnitt aufgrund des Einflusses der Kuroshio-Strömung ungewöhnlich mild und zweitens sind die für Touristen meist entscheidenden **Sommermonate** häufig sonnig.

⊡ *Seattle ist auch im Frühling eine Reise wert*

Bei seiner Reiseplanung sollte man möglichst die **Wintermonate** zwischen November und März **meiden.** Schneefälle sind selbst dann äußerst selten, doch der scheinbar nicht enden wollende Nieselregen kann einem schon aufs Gemüt schlagen.

Der **Frühling** setzt gewöhnlich Mitte April ein, Juli und August sind die wärmsten und trockensten Monate. Da dann jedoch auch die Hotelpreise in die Höhe schnellen, bietet sich die Zeit von **September bis Mitte Oktober** als Alternative für geruhsame, preiswerte Tage in Seattle an. Die **Temperaturen** liegen im Herbst tagsüber um die 15 Grad und meist scheint auch dann die Sonne.

Durchschnitt	Wetter in Seattle											
Maximale Temperatur	7°	10°	12°	14°	18°	21°	24°	24°	21°	15°	10°	7°
Minimale Temperatur	2°	3°	4°	5°	8°	11°	13°	13°	11°	8°	5°	2°
Regentage	16	13	14	11	8	6	3	5	7	10	15	16
	Jan	Febr	März	Apr	Mai	Juni	Juli	Aug	Sept	Okt	Nov	Dez

ANHANG

087se-tb

Kleine Sprachhilfe Amerikanisch

Für einen tieferen Einstieg in die Sprache seien an dieser Stelle die Reisesprachführer „Amerikanisch – Wort für Wort“ (Kauderwelsch-Band 143), „American Slang“ (Kauderwelsch-Band 29) und „More American Slang“ (Kauderwelsch-Band 67) aus dem Reise Know-How Verlag empfohlen.

Begrüßung und Höflichkeit

Guten Morgen	*Good morning* (bis mittags)
Guten Tag	*Good afternoon* (ab mittags)
Guten Abend	*Good evening*
Gute Nacht	*Good night*
Auf Wiedersehen	*Goodbye/Bye-bye/* *See you* (umgangssprachlich)
Willkommen!	*Welcome!*
Mein Name ist ...	*My name is ...*
Wie heißen Sie?	*What's your name?*
Schön Sie/Dich kennenzulernen/zu sehen.	*Nice/Good to see you.*
Entschuldigen Sie ...	*Excuse me, please, ...* (bei Fragen)
Verzeihung!	*Sorry/Pardon me!*
Bitte	*Please* (bei Fragen, Bitten)
Danke	*Thank you/Thanks*
Bitte, gern geschehen	*You are (very) welcome*
Könnten Sie mir bitte sagen ...	*Could you, please, tell me ...*

Allgemeine Fragen und Wendungen

Ich bin/Wir sind ...	*I am .../We are ...*
Das ist/sind ...	*This is/These are ....*
Wo ist/sind ...?	*Where is/are ...?*
Wo kann ich ... bekommen?	*Where can I get ...?*
Was ist das?	*What's that?*
Haben Sie ...?	*Have you got ...? I am looking for ...*
Wie viel kostet ...?	*How much is ...?*
Ich verstehe nicht.	*I don't understand.*
Sprechen Sie Deutsch?	*Do you speak German?*
Wie heißt das auf Englisch?	*What's that in English?*
vielleicht	*perhaps, maybe*
wahrscheinlich	*probably*
Ist es möglich ...?	*Is it/Would it be possible ...?*
Wer?	*Who?*
Was?	*What?*
Wie?	*How?*
Wie viel(e)?	*How much?* (Menge) *How many?* (Anzahl)

+++ Die wichtigsten Wörter mit dem Bonus-Audiotrack des Kauderwelsch-

Zeit

Wie spät ist es?	*What time is it?*
Es ist 10 Uhr	*It's 10 a.m. (ante meridiem)*
Es ist 22 Uhr	*It's 10 p.m. (post meridiem)*
Mittag/Mitternacht	*noon/midnight*
heute	*today*
morgen	*tomorrow*
gestern	*yesterday*
morgens	*in the morning*
nachmittags	*in the afternoon*
abends	*in the evening*
früh/früher	*early/earlier*
spät/später	*late/later*

Wochentage

Montag	*Monday*	Freitag	*Friday*
Dienstag	*Tuesday*	Samstag	*Saturday*
Mittwoch	*Wednesday*	Sonntag	*Sunday*
Donnerstag	*Thursday*	Feiertag	*holiday*

Geldangelegenheiten

Geld, Kleingeld, Bargeld	*money, change, cash*
1 Dollar ($)	*„buck" (100 cent)*
1/5/10/25 Cent (c.)	*penny/nickel/dime/quarter*
Tausender	*grand*
Geldautomat	*ATM (automated teller machine)*
Kreditkarte	*credit card*
Reisescheck	*travelers cheque/check*
Ausweis	*ID (identification papers/card), passport*
Steuer	*tax*
Gebühr	*fee*

Unterwegs

Wie weit ist es bis ...?	*How far is it to ...?*
Ist das der richtige Weg nach ...?	*Is this the right way to ...?*
Nord, Süd, Ost, West	*north, south, east, west*
links, rechts	*left, right*
geradeaus, zurück	*straight (ahead), back (to)*
Ampel, Kreuzung	*traffic light(s), junction*
Auto/Mietwagen	*car, vehicle/rental car*
Autovermietung	*car rental station*

Lastwagen	*truck*
Motorrad	*motorcycle, bike*
Benzin	*gas*
Tankstelle	*gas station*
Führerschein	*driver's license*
Panne/Pannenhilfe	*breakdown/roadside assistance*

Öffentliche Verkehrsmittel

Fahrkarte	*ticket*
Tageskarte	*day pass*
einfache Fahrt	*one-way trip*
hin und zurück	*round trip*
Schienenverkehr (Tram, U-/S-Bahn)	*light rail*
Straßenbahn	*tram, streetcar*
U-Bahn	*subway, metro*
(Bus-)Bahnhof/-Haltestelle	*(bus) station/stop*
Zug/Bahnhof	*train/train station, railroad station*
Schiff/Fähre	*boat/ferry*

Unterkunft

Haben Sie ein Zimmer frei?	*Any vacancy? Do you have a room available?*
Zimmer frei/besetzt (Schilder)	*Vacancy/No vacancy*
Reservierung	*reservation*
Einzel-/Doppelzimmer	*single/double room*
... mit einem Bett/	*... with one (king-size)/*
... mit zwei Betten	*... with two (queen-size) beds*
... mit Frühstück	*... with breakfast included*
Badezimmer	*bathroom*
Dusche, Badewanne	*shower, bathtub*
WC	*bathroom, restroom, ladies'/men's room*
behindertengerecht	*handicapped accessible/ handicap-accessible*
Aufzug, Treppe, Rolltreppe	*elevator, stairs, escalator*
Stockwerk	*floor*
Parterre/erster Stock	*ground floor oder first floor/second floor*

Essen und Trinken

Speisekarte	*menu*
Ich möchte ... bestellen	*I would like (to order) .../I will take ...*

Rechnung	*check*
Tagesgericht	*daily special*
Vorspeise	*appetizer*
Hauptgericht	*entree/entrée*
Nachspeise	*dessert*
Frühstück	*breakfast*

Mittagessen	*lunch*
Abendessen	*dinner/supper*
Bedienung (m/w)	*waiter/waitress*
Trinkgeld	*tip, gratuity*
essen	*to eat*
trinken	*to drink*

Register

Blick über Seattle mit der Space Needle (2) im Hintergrund

089se-kr

Der Autor

Thomas Barkemeier ist ein „Wanderer zwischen den Welten". Seit mehr als 40 Jahren bereist er Europa, Asien und Nordamerika. Reisen und Schreiben sind seine Leidenschaften, die er als Reisebuchautor, Studienreiseleiter und Reiseveranstalter zu seinem Beruf gemacht hat. Mehrere seiner inzwischen zwölf Reiseführer wurden ausgezeichnet. Er lebt mit seiner Familie in Victoria im äußersten Südwesten Kanadas. Von hier ist es nur ein „Katzensprung" nach Seattle, das er mehrere Male pro Jahr besucht.

Schreiben Sie uns

Dieses Buch ist gespickt mit Adressen, Preisen, Tipps und Daten. Unsere Autoren recherchieren unentwegt und erstellen alle zwei Jahre eine komplette Aktualisierung, aber auf die Mithilfe von Reisenden können sie nicht verzichten. Darum: Teilen Sie uns bitte mit, was sich geändert hat oder was Sie neu entdeckt haben. Gut verwertbare Informationen belohnt der Verlag mit einem Sprachführer Ihrer Wahl aus der Reihe „Kauderwelsch".

Kommentare übermitteln Sie am einfachsten, indem Sie die Web-App zum Buch aufrufen (siehe Umschlag hinten) und die Kommentarfunktion bei den einzelnen auf der Karte angezeigten Örtlichkeiten oder den Link zu generellen Kommentaren nutzen. Wenn sich Ihre Informationen auf eine konkrete Stelle im Buch beziehen, würde die Seitenangabe uns die Arbeit sehr erleichtern. Unsere Kontaktdaten entnehmen Sie bitte dem Impressum.

Impressum

Thomas Barkemeier

CityTrip Seattle

1. Auflage 2020

ISBN 978-3-8317-3352-1

Druck und Bindung:
mediaprint solutions GmbH, Paderborn

Herausgeber: Klaus Werner
Layout: amundo media GmbH (Umschlag, Inhalt), Peter Rump (Umschlag)
Lektorat: amundo media GmbH
Karten: Ingenieurbüro B. Spachmüller, amundo media GmbH
Anzeigenvertrieb: KV Kommunalverlag GmbH & Co. KG, Alte Landstraße 23, 85521 Ottobrunn, Tel. 089 928096-0, info@kommunal-verlag.de
Kontakt: Osnabrücker Str. 79, 33649 Bielefeld, info@reise-know-how.de

Bildnachweis

Umschlagvorderseite: Adobe Stock©Felix Mizioznikov | Umschlagklappe rechts: Thomas Barkemeier (der Autor)
Soweit ihre Namen nicht vollständig am Bild vermerkt sind, stehen die Kürzel an den Abbildungen für die folgenden Fotografen, Firmen und Einrichtungen. Thomas Barkemeier: tb | Kathrin Raßloff: kr | Adobe Stock: as | Visit Seattle: vs

Liste der Karteneinträge

088se-tb

Mural in Erinnerung an den Comedian Kevin Barnett, der am 22. Januar 2019 im Alter von nur 32 Jahren verstarb

Hier nicht aufgeführte Nummern liegen außerhalb der abgebildeten Karten. Ihre Lage kann aber wie die von allen Ortsmarken im Buch mithilfe der Web-App angezeigt werden (s. S. 144).

Zeichenerklärung

- Arzt, Apotheke, Krankenhaus
- Bar, Klub
- Café, Eiscafé
- Fischrestaurant
- Galerie
- Geschäft, Kaufhaus, Markt
- Hotel, Unterkunft
- Imbiss, Bistro
- Informationsstelle
- Jugendherberge, Hostel
- Kirche
- Museum
- Musikszene, Disco
- Parkplatz
- Pension, Bed and Breakfast
- Polizei
- Post
- Pub, Kneipe, Biergarten
- Restaurant
- Sehenswürdigkeit
- Sonstiges
- Sportstätte
- Synagoge
- Theater
- Vegetarisches Restaurant

- Monorail
- Link Light Rail
- Straßenbahn

- Shoppingareal
- Gastro- und Nightlife-Areal
- Stadtspaziergang (s. S. 14)

★★★ nicht verpassen
★★ besonders sehenswert
★ wichtig für speziell interessierte Besucher

Seattle mit PC, Smartphone & Co.

QR-Code auf dem Umschlag scannen oder **www.reise-know-how.de/citytrip/seattle20** eingeben und die **kostenlose Web-App** aufrufen (Internetverbindung zur Nutzung nötig)!

★**Anzeige der Lage und Satellitenansicht aller** beschriebenen Sehenswürdigkeiten und weiteren Orte
★**Routenführung** vom aktuellen Standort zum gewünschten Ziel
★**Exakter Verlauf** des empfohlenen Stadtspaziergangs
★**Audiotrainer** der wichtigsten Wörter und Redewendungen
★**Updates** nach Redaktionsschluss

GPS-Daten zum Download

Die GPS-Daten aller Ortsmarken und des Spaziergangs können hier geladen werden: www.reise-know-how.de, dann das Buch aufrufen und zur Rubrik „Datenservice" scrollen.

Stadtplan für mobile Geräte

Um den Stadtplan auf Smartphones und Tablets zu nutzen, empfehlen wir die App „Avenza Maps" der Firma Avenza™. Über die Funktion „Store" kann die „Citymap Seattle 2020" kostenlos geladen werden.
